COMO SE TRANSFORMAR EM UM OPERADOR E INVESTIDOR DE SUCESSO

COMO SE TRANSFORMAR EM UM OPERADOR E INVESTIDOR DE SUCESSO

O GUIA PRÁTICO

170 PERGUNTAS E RESPOSTAS
11 ESCALAS DE CLASSIFICAÇÃO
17 GRÁFICOS

DR. ALEXANDER ELDER

ALTA BOOKS
EDITORA
Rio de Janeiro, 2021

Como Se Transformar em um Operador e Investidor de Sucesso: O Guia Prático – Edição Atualizada
Copyright © 2021 da Starlin Alta Editora e Consultoria Eireli. ISBN: 978-85-508-1174-1

Translated from original Study Guide for The New Trading for a Living. Copyright © 2014 by Dr. Alexander Elder. ISBN 978-1-118-46745-9. This translation is published and sold by permission of John Wiley & Sons, Inc., the owner of all rights to publish and sell the same. PORTUGUESE language edition published by Starlin Alta Editora e Consultoria Eireli, Copyright © 2021 by Starlin Alta Editora e Consultoria Eireli.

Impresso no Brasil — 1ª Edição, 2021 — Edição revisada conforme o Acordo Ortográfico da Língua Portuguesa de 2009.

Produção Editorial
Editora Alta Books

Gerência Editorial
Anderson Vieira

Gerência Comercial
Daniele Fonseca

Produtor Editorial
Illysabelle Trajano
Thiê Alves

Assistente Editorial
Rodrigo Dutra

Coordenação de Eventos
Viviane Paiva
comercial@altabooks.com.br

Assistente Comercial
Filipe Amorim
vendas.corpotativas@altabooks.com.br

Marketing Editorial
Livia Carvalho
Gabriela Carvalho
marketing@altabooks.com.br

Editor de Aquisição
José Rugeri
j.rugeri@altabooks.com.br

Equipe Editorial
Ian Verçosa
Luana Goulart
Maria de Lourdes Borges
Raquel Porto
Thales Silva

Equipe de Design
Larissa Lima
Marcelli Ferreira
Paulo Gomes

Equipe de Comercial
Daiana Costa
Daniel Leal
Kaique Luiz
Tairone Oliveira
Vanessa Leite

Tradução
Carolina Gaio

Copidesque
Paulo Portinho

Revisão Gramatical
Fernanda Lutfi
Vivian Sbravatti

Diagramação
Lucia Quaresma

Publique seu livro com a Alta Books. Para mais informações envie um e-mail para autoria@altabooks.com.br

Obra disponível para venda corporativa e/ou personalizada. Para mais informações, fale com projetos@altabooks.com.br

Erratas e arquivos de apoio: No site da editora relatamos, com a devida correção, qualquer erro encontrado em nossos livros, bem como disponibilizamos arquivos de apoio se aplicáveis à obra em questão.

Acesse o site **www.altabooks.com.br** e procure pelo título do livro desejado para ter acesso às erratas, aos arquivos de apoio e/ou a outros conteúdos aplicáveis à obra.

Suporte Técnico: A obra é comercializada na forma em que está, sem direito a suporte técnico ou orientação pessoal/exclusiva ao leitor.

A editora não se responsabiliza pela manutenção, atualização e idioma dos sites referidos pelos autores nesta obra.

Ouvidoria: ouvidoria@altabooks.com.br

Dados Internacionais de Catalogação na Publicação (CIP) de acordo com ISBD

E37c Elder, Dr. Alexander

Como Se Transformar em um Operador e Investidor de Sucesso: O Guia Prático – Edição Atualizada / Dr. Alexander Elder ; traduzido por Carolina Gaio. - Rio de Janeiro : Alta Books, 2021.

160 p. ; 17cm x 24cm.

Inclui bibliografia.
ISBN: 978-85-508-1174-1

1. Economia. 2. Operador. 3. Investidor. I. Gaio, Carolina. II. Título.

2020-3288 CDD 330
CDU 33

Elaborado por Vagner Rodolfo da Silva - CRB-8/9410

Rua Viúva Cláudio, 291 — Bairro Industrial do Jacaré
CEP: 20.970-031 — Rio de Janeiro (RJ)
Tels.: (21) 3278-8069 / 3278-8419
www.altabooks.com.br — altabooks@altabooks.com.br
www.facebook.com/altabooks — www.instagram.com/altabooks

ALTA BOOKS EDITORA

ASSOCIAÇÃO BRASILEIRA DE DIREITOS REPROGRÁFICOS

ASSOCIADO CBL Câmara Brasileira do Livro

SUMÁRIO

SOBRE ESTE GUIA PRÁTICO

Parece que os traders experientes estão passeando pelo mercado, entrando e saindo das operações. Isso parece fácil para eles, como assistir a esqui na TV. A ilusão de facilidade desaparece quando se pega um par de esquis e se descobre os solavancos na encosta. Caso queira melhorar suas habilidades como trader, trabalhe, estude e faça a lição de casa.

Criei este Guia Prático para ajudá-lo a crescer e ser um trader de sucesso. Ele se baseia nos meus anos de experiência como operador e professor da área. Quanto mais estudar o mercado e suas reações a ele, maior será sua probabilidade de sucesso. Você precisa aprender mais sobre si mesmo e sobre o mercado — os bons traders nunca param de aprender.

Cada questão deste Guia está vinculada a uma seção específica de Como Se Transformar em um Operador e Investidor de Sucesso — psicologia, gestão de riscos, indicadores e assim por diante. Anote suas respostas e compare-as com as do livro. Ao responder perguntas relacionadas a gráficos, cubra cada gráfico com uma folha de papel e mova-o lentamente da esquerda para a direita, para imitar o desdobramento das ações no mercado. Ao trabalhar com este Guia, acostume-se à incerteza do mercado.

Este Guia faz perguntas e fornece respostas — que não são unânimes. As operações de trade são em parte ciência e em parte arte — há partes objetivas e partes subjetivas. Deixe este Guia desafiá-lo a pensar mais profundamente sobre o mercado e suas reações a ele.

Sou grato a Henry Abelman e Jeff Parker, ambos premiados com o Eagle Eye, da SpikeTrade, por revisarem todas as perguntas e respostas. Carol Keegan Kayne fez a revisão final, em prol de maior clareza e precisão.

Agradeço a meus ex-professores e alunos das universidades da Estônia e dos Estados Unidos por me propiciarem muitas oportunidades para ensinar e desenvolver meu estilo docente. Obrigado aos membros da SpikeTrade.com, que sempre me enviam perguntas relacionadas a trades. Respondê-las semana após semana me motiva.

Espero que este Guia o ajude a aprimorar suas habilidades e a se tornar um trader melhor e mais confiante.

Dr. Alexander Elder

Nova York — Vermont, 2014

Para melhor entendimento, as figuras coloridas estão disponíveis no site da editora Alta Books. Acesse: www.altabooks.com.br e procure pelo nome do livro ou ISBN.

PARTE I

Perguntas e Escalas de Classificação

Introdução

Para vencer nas operações, é preciso superar muitos concorrentes. A maioria deve perder para pagar a quem ganhar. Para se tornar um trader bem-sucedido, você deve vencer as probabilidades contra você. Deve aprender a pensar e agir de maneira diferente da massa de investidores do mercado.

Como Se Transformar em um Trader e Investidor de Sucesso contém várias ideias de trade pouco ortodoxas. O objetivo desta Introdução é fazer uma pausa no início da jornada para descobrir se você está em sintonia com alguns dos pensamentos pouco convencionais sobre as operações de mercado.

Perguntas	Teste 1	Teste 2	Teste 3	Teste 4	Teste 5
1					
2					
3					
4					
5					
6					
7					
8					
9					
Respostas Corretas					

Pergunta 0-1

Qual dos seguintes métodos de tomada de decisões para negociação de ativos (trade) serve bem aos traders em longo prazo?

I. Análise fundamentalista.
II. Informações privilegiadas.
III. Palpites e dicas.
IV. Análise técnica.

A. I e II
B. II e III
C. I e IV
D. III e IV

Pergunta 0-2

Qual das seguintes opções não é necessária para o sucesso nas operações de trading?

A. Psicologia das operações.
B. Método analítico.
C. Contato com insiders do mercado.
D. Método de gestão financeira.

Pergunta 0-3

A melhor abordagem para ler um livro sobre trade é:

A. Testar todas as ideias que lhe interessam utilizando seus dados de mercado.
B. Incorporar todas as ideias em seu trabalho.
C. Não confiar no que lê — por que alguém compartilharia boas ideias sobre trading?
D. Perguntar a outros traders se as ideias de determinado livro funcionaram para eles.

Pergunta 0-4

Qual das seguintes opções não é uma das principais causas de perdas no trading?

A. Slippage.
B. Comissões.
C. Negociação emocional.
D. Furto.

Pergunta 0-5

O trader Jim e o trader John estão em lados opostos de uma negociação. Ambos pagam comissões e são atingidos por slippages. Jim, o vencedor, arrecada R$920, enquanto John, o perdedor, fica com R$1.080. Esse resultado ilustra o fato de que a negociação é:

A. Jogo de soma zero.
B. Jogo de expectativas positivas.
C. Aleatório.
D. Jogo de soma negativa.

Pergunta 0-6

Você encontra uma ação negociada a R$20 e planeja comprar 100 ações. Seu corretor cobrará uma comissão de R$10. Qual das seguintes afirmações é *incorreta*?

A. Ao lidar com milhares de reais, não se preocupe com R$10.
B. Você precisa lucrar 1% para não perder dinheiro nessa operação.
C. Com base em uma margem de 50%, é preciso de, pelo menos, 2% de lucro para evitar perder dinheiro com essa negociação.

Pergunta 0-7

Você coloca uma ordem a mercado para comprar 100 ações que estão em alta, atualmente negociadas a R$20 cada. A ordem é executada a R$20,08. A slippage da negociação é:

A. R$0,80.
B. R$8.
C. R$16.
D. R$80.

Pergunta 0-8

Após um rali, a ação comprada na Pergunta 0-7 subiu para R$22. Você espera que o rali continue, mas aumenta o stop para R$21 para proteger metade do lucro do papel. A ação afunda e atinge o stop — você consegue vender a R$20,88. A slippage nessa negociação representa qual porcentagem do lucro bruto?

A. 5%.
B. 10%.
C. 25%.
D. 50%.

Pergunta 0-9

Na negociação descrita nas Perguntas 0-7 e 0-8, o mercado levou qual porcentagem dos ganhos brutos?

A. 25%.

B. 50%.

C. 75%.

D. 100%.

CAPÍTULO 1

Psicologia Individual

A maior ameaça às operações de trading é a pessoa que está segurando este livro — você. Nossas emoções ditam a diferença entre ganhar e perder. Se ficar tranquilo e tomar decisões racionais, os lucros virão.

Um trader profissional é calmo e analítico. Sabe o que fará se o mercado subir, descer ou andar de lado. Nos dias em que não tem certeza, fica de fora, monitorando pacientemente o mercado. Um profissional se sente no controle.

Se sente uma alegria vertiginosa quando o mercado segue o caminho esperado, mas congela de medo quando se volta contra ele, suas ações serão emocionais, e sua conta sofrerá. Quando a mente se obscurece pela ganância ou pelo medo, até mesmo os melhores sistemas de negociação voam pela janela. As perguntas que se seguem foram preparadas para ajudá-lo a se concentrar na psicologia das negociações.

Perguntas	Teste 1	Teste 2	Teste 3	Teste 4	Teste 5
1					
2					
3					
4					
5					
6					
7					
8					
9					
10					
11					
12					
13					
14					
15					
16					
Respostas Corretas					

Pergunta 1-1

A atitude de um trader bem-sucedido em relação aos riscos é geralmente:

A. Evitá-los.
B. Prosperar com eles.
C. Desfrutar das situações arriscadas, mesmo que as perdas doam.
D. Avaliar cada risco.

Pergunta 1-2

O objetivo de um trader bem-sucedido é:

A. Tornar-se o melhor trader que puder.
B. Ganhar mais dinheiro do que os outros.
C. Comprar bens que o coloquem acima dos outros traders.
D. Ganhar o respeito da família e dos amigos.

Pergunta 1-3

Um trader perdeu 20% de sua conta em uma série de insucessos. O melhor conselho para ele é:

A. Assinar uma newsletter com um bom histórico de acertos.
B. Adquirir um sistema de trading com bom histórico de rentabilidade e poucas perdas.
C. Parar de operar até que tenha analisado as perdas e determinado suas causas.
D. Continuar a negociar, porque as leis da probabilidade indicam uma virada a seu favor.

Pergunta 1-4

Uma grande conta de negociação é desejável por todos os motivos a seguir, *exceto*:

A. Poder se dar ao luxo de perder mais.
B. Poder diversificar em relação a mais mercados.
C. Poder negociar sistemas diferentes.
D. As despesas representam uma porcentagem menor da sua conta.

Pergunta 1-5

Quais afirmações sobre os sistemas de trade vendidos no mercado são mais precisas?

I. Um bom histórico de acertos confere a confiança de que um sistema continuará a ter um bom desempenho.
II. O fato de um sistema ser vendido por um trader proeminente lhe confere uma margem extra de confiança.
III. Os sistemas de trade são feitos para dar respostas com base em dados antigos e acabam se autodestruindo quando os mercados mudam.
IV. Você pode comprar um sistema de um analista de primeira linha e perder dinheiro ao usá-lo.

A. I e II
B. I e III
C. II e III
D. III e IV

Pergunta 1-6

Qual das opções a seguir é um sinal-chave de atitude de apostador em relação ao trading?

I. A incapacidade de resistir ao desejo de operar.
II. Empolgar-se quando os trades forem bem e envergonhar-se ao perder.
III. Sempre colocar ordens reversas àquelas em que perdeu.
IV. Uma série de perdas nas operações.

A. Somente I
B. I e II
C. I, II e III
D. I, II, III e IV

Pergunta 1-7

Em um ano, tudo isto ocorreu com um trader: ele recebeu três multas de trânsito, pagou multa por declarar impostos com atraso, recebeu duas advertências por atraso no emprego formal e sua conta de negociação está com baixa de 35%. Qual seria o melhor conselho para esse profissional?

A. A vida é difícil. Tente ganhar muito dinheiro com trade, saia do seu emprego e contrate alguém para cuidar de suas finanças.

B. As multas de trânsito não têm nada a ver com a negociação — não se preocupe com elas.

C. Você está se sabotando e precisa trabalhar para mudar a si mesmo como pessoa.

D. Aguenta firme; é difícil manter um emprego e ser trader ao mesmo tempo.

Pergunta 1-8

Escolha duas afirmações corretas sobre a psicologia das operações de trading.

I. Seus sentimentos afetam seu patrimônio.

II. Para ganhar, você tem que ser mais inteligente que a maioria dos traders.

III. Ficar feliz após negócios lucrativos reforça bons hábitos de trading.

IV. Medo e ganância têm um impacto maior em seu patrimônio do que um brilhante sistema de trading.

A. I e II

B. II e III

C. III e IV

D. I e IV

Pergunta 1-9

Você fez uma série de operações bem-sucedidas nos últimos meses. Essa é a hora de:

I. Parabenizar-se e aumentar o tamanho de suas posições.

II. Usar menos stops.

III. Tirar férias.

IV. Aceitar que se tornou um trader competente e pode gastar menos tempo estudando os mercados.

A. I e II

B. II e IV

C. I e III

D. III e IV

Pergunta 1-10

A principal semelhança entre um trader perdedor e um alcoólatra é:

A. Os perdedores são viciados na agitação das operações de trading, assim como os alcoólatras são viciados em álcool.

B. Os perdedores escondem a extensão de suas perdas de si mesmos e dos outros, assim como os alcoólatras escondem o quanto bebem.

C. Os perdedores tentam abrir caminho para sair do buraco fazendo mais operações de trading, assim como os alcoólatras tentam mudar de destilado para vinho.

D. Todas as anteriores.

Pergunta 1-11

A psicologia dos perdedores envolve todos os seguintes itens, *exceto*:

A. Os perdedores acham o trading muito interessante, mesmo quando leva a perdas.

B. Poucos perdedores se recuperam depois de destruírem suas contas.

C. Os perdedores sabem que têm um problema pessoal com o trading.

D. Os perdedores costumam apostar em uma "grande vitória".

Pergunta 1-12

O primeiro passo na recuperação de um trader perdedor é dizer:

A. "Preciso de um sistema de trading melhor."

B. "Preciso encontrar um mercado em alta."

C. "Preciso aprender um novo método de trading."

D. "Sou um perdedor."

Pergunta 1-13

Quando um trader diz: "Meu nome é fulano de tal e sou um perdedor", o resultado é:

I. Uma atitude de medo em relação ao trading.

II. A redução das perdas.

III. A evitação do overtrading.

IV. Comissões e slippages mais baixas.

A. I e II

B. II e III

C. III e IV

D. I e IV

Pergunta 1-14

O fator mais importante para se tornar um trader bem-sucedido é:

A. Começar com uma conta de operação de bom tamanho.
B. Ser capaz de aprender com outros traders bem-sucedidos.
C. Usar planos de negociação escritos e evitar decisões emocionais.
D. Contar com habilidades úteis em seu negócio ou experiência profissional.

Pergunta 1-15

Se, após um ano de negociação, os mercados lhe parecerem misteriosos, é porque:

A. Seu comportamento de trading é impulsivo.
B. Faltam-lhe boas informações, fundamentalistas ou técnicas.
C. Sua conta é muito pequena.
D. Os mercados são caóticos (passeio aleatório).

Pergunta 1-16

Um trade começa quando:

A. O mercado parece sobrecomprado ou sobrevendido.
B. Um indicador lhe dá um sinal de entrada.
C. Você decide colocar uma ordem de compra ou de venda.
D. Uma newsletter faz uma recomendação atraente.

CAPÍTULO 2

Psicologia de Massa

Ao comprar ou vender, você está cercado por uma enorme multidão de outros compradores e vendedores, muitos deles movidos por ganância e medo. A soma de suas ordens cria enormes ondas em massa de otimismo e de pessimismo. As ondas se transformam em marés que varrem os mercados, fazendo com que os preços subam ou desçam. As multidões são extremamente poderosas — não faz sentido lutar contra elas. As multidões são fortes, mas primitivas. Reconhecer isso o ajudará a negociar na direção em que a multidão está correndo, mas saia assim que uma tendência estiver prestes a terminar.

É difícil permanecer objetivo ao analisar os mercados, porque as multidões nos sugam. Quem já foi a um comício político ou a um grande show sentiu o poder da multidão.

Algumas perguntas deste capítulo testam seu conhecimento sobre as leis básicas da psicologia de massa. Outras o ajudam a se conscientizar a respeito do impacto da multidão de traders sobre os seus próprios sentimentos e julgamentos. Agora é um bom momento para refletir sobre suas reações, racionais ou irracionais, ao operar. Procure relacionar suas respostas para as perguntas à suas experiências de trading.

Perguntas	Teste 1	Teste 2	Teste 3	Teste 4	Teste 5
1					
2					
3					
4					
5					
6					
7					
8					
9					
10					
11					
12					
13					
Respostas Corretas					

Pergunta 2-1

O preço é:

A. A interseção das curvas de oferta e demanda.

B. O valor de um ativo negociado.

C. Reflexo dos ativos da empresa no mercado de ações ou a demanda por uma commodity.

D. O consenso do valor entre todos os participantes do mercado no momento do trade.

Pergunta 2-2

Qual das seguintes afirmações é *incorreta*?

A. Os touros apostam que os preços subirão; tentam comprar pelo preço mais baixo possível.

B. A presença de traders descomprometidos pressiona os touros e os ursos.

C. A função de um analista técnico é prever se os touros ou os ursos vencerão.

D. Os ursos apostam que os preços cairão; querem vender pelo preço mais alto possível.

Pergunta 2-3

Quando não tem certeza se quer comprar ou vender, vale a pena:

A. Navegar na internet para descobrir o que os outros estão fazendo.

B. Operar um tamanho menor do que o habitual.

C. Ficar de fora do mercado.

D. Buscar conselhos de um guru popular no momento.

Pergunta 2-4

Quaisquer lucros que fizer no trade são oriundos:

A. Dos corretores.

B. De outros traders.

C. Da economia.

D. Das bolsas.

Pergunta 2-5

Quando uma pessoa se une a uma multidão:

I. Torna-se mais impulsiva e emocional.
II. Beneficia-se da força dos outros.
III. Confia nos líderes da multidão mais do que nele mesmo.
IV. Pode deixar a multidão quando quiser.

A. I e II
B. I e III
C. II e III
D. II e IV

Pergunta 2-6

As pessoas se unem a multidões por:

I. Medo da incerteza.
II. Hábito.
III. Desejo de ser conduzido por líderes fortes.
IV. Busca por conforto.

A. I
B. I e II
C. I, II, e III
D. I, II, III e IV

Pergunta 2-7

Qual das seguintes afirmações é correta?

I. As multidões são primitivas; tudo bem usar estratégias simples de trade.
II. Ser mais esperto do que a multidão garante a vitória.
III. Um bom trader sente-se exultante quando o mercado vai em sua direção e deprimido quando vai contra ele.
IV. As multidões do mercado estão quase sempre erradas.

A. I
B. I e II
C. I, II e III
D. I, II, III e IV

Pergunta 2-8

Identifique o principal líder de tendências do mercado.

A. Interesses financeiros poderosos.

B. Gurus proeminentes.

C. O preço em si.

D. Mudanças nos fundamentos da economia.

Pergunta 2-9

Os mercados sobem quando:

I. Há mais compradores do que vendedores.

II. Os compradores são mais agressivos que os vendedores.

III. Os vendedores têm medo e exigem um prêmio para operar.

IV. Mais ações ou contratos são comprados do que vendidos.

A. I e II

B. II e III

C. II e IV

D. III e IV

Pergunta 2-10

Quando a tendência é de baixa:

I. Vendedores a descoberto tendem a aumentar as posições.

II. Os ursos deixam o mercado por desgosto.

III. Os ursos concordam em comprar apenas com um desconto acentuado.

IV. Os vendedores a descoberto se dispõem a vender a um preço menor.

A. I

B. I e II

C. I, II e III

D. I, II, III e IV

Pergunta 2-11

Um choque de preços durante uma tendência de alta:

I. É um salto repentino no preço.
II. É uma queda repentina no preço.
III. Faz com que os touros se sintam vulneráveis.
IV. Assusta os ursos.

A. I e III
B. II e III
C. II e IV
D. I e IV

Pergunta 2-12

Um choque de preços interrompe um rali, mas os preços se recuperam. Quando atingem um novo pico, vários indicadores atingem um pico mais baixo. Esse padrão é chamado de:

A. Divergência de alta.
B. Queda repentina no preço.
C. Divergência de baixa.
D. Aumento repentino no preço.

Pergunta 2-13

Os principais objetivos de um trader são:

I. Identificar a tendência vigente.
II. Prever preços para o futuro próximo.
III. Prever preços em longo prazo.
IV. Ser objetivo e sem emoção.

A. I e II
B. I e IV
C. II e III
D. III e IV

CAPÍTULO 3

Análise Técnica Clássica

Os analistas técnicos originais tiveram uma ideia revolucionária — usar dados de preço e volume, em vez de fatores fundamentalistas, para decidir o que e quando comprar e vender.

Cada analista fundamentalista precisa se especializar em um campo bastante restrito. A análise técnica, pelo contrário, é universal. Os princípios dos gráficos, depois de compreendidos, aplicam-se a ações, títulos, moedas, futuros ou qualquer outro mercado. À medida que o número de veículos de trade aumenta em todo o mundo, a análise técnica se populariza.

Contanto que se tenha os dados sobre as máximas, mínimas, cotações de abertura e fechamento, junto dos dados sobre volume e interesse aberto, é possível fazer julgamentos inteligentes sobre o equilíbrio de poder entre os touros e os ursos em qualquer mercado. Então, você pode fazer o trade conforme o grupo dominante.

Neste capítulo, será pedido que você tome decisões de trade usando gráficos. É relativamente fácil reconhecer padrões no meio de um gráfico, mas bons sinais de trade são muito mais difíceis de identificar perto da borda direita. É aí que você terá que tomar suas decisões — em meio à incerteza, ao ruído e à tensão dos mercados.

Perguntas	Teste 1	Teste 2	Teste 3	Teste 4	Teste 5
1					
2					
3					
4					
5					
6					
7					
8					
9					
10					
11					
12					
13					
Respostas Corretas					

Pergunta 3-1

Combine os dois conjuntos de declarações a seguir referentes a preços.

I. A máxima do dia.
II. A mínima do dia.
III. O preço de fechamento.
IV. O preço de abertura.

A. A opinião dos amadores.
B. A opinião dos profissionais.
C. A potência máxima dos touros.
D. A potência máxima dos ursos.

Pergunta 3-2

Três analistas avaliam o mesmo gráfico. Um argumenta que a tendência é de alta; o outro, que é de baixa; e o terceiro, que é para ficar de fora. Com toda probabilidade:

I. Um ou dois deles podem estar utilizando raciocínio motivado (wishful thinking).
II. Talvez estejam discordando da definição básica de uma tendência.
III. Podem estar avaliando diferentes time frames.
IV. Se cada um fizesse um trabalho melhor, todos os três concordariam.

A. I
B. I e II
C. I, II e III
D. I, II, III e IV

Pergunta 3-3

Ao tentar entrar em um mercado líquido em um dia calmo, é provável que você encontre:

A. Uma slippage mais alta.
B. Comissões mais altas.
C. Uma slippage mais baixa.
D. Comissões mais baixas.

Pergunta 3-4

FIGURA 3.4 Medtronic, inc. (MDT) gráfico semanal. (*Gráfico: Stockcharts.com*)

As Linhas de Suporte e Resistência

Quais linhas no gráfico da Figura 3.4 marcam níveis que refletem tanto suporte quanto resistência?

A. Linha A.

B. Linhas A e B.

C. Linhas A, B, e C.

D. Linhas A, B, C e D.

Pergunta 3-5

As linhas de suporte e resistência devem:

I. Ser traçadas ao longo das bordas das zonas de congestão.

II. Ser traçadas para tocar os preços extremos, altos ou baixos.

III. Conectar altas com baixas e baixas com altas.

IV. Conectar altas com altas e baixas com baixas.

A. I e II

B. II e III

C. III e IV

D. I e IV

Pergunta 3-6

As forças de suporte e resistência dependem:

I. Do número de vezes que os preços atingiram essa área.
II. Do volume de trading nessa área.
III. Da altura dessa área.
IV. Da duração de tempo que os preços ficam nessa área.

A. I
B. I e II
C. I, II e III
D. I, II, III e IV

Pergunta 3-7

Os preços passam várias semanas em uma zona de congestão e depois caem abaixo do suporte. Qual das seguintes opções de trade deve ser considerada no dia seguinte?

I. Venda a descoberto se os preços caírem para uma nova baixa, com um stop acima da máxima do dia anterior.
II. Compre se os preços voltarem para a zona de congestão, com um stop abaixo da mínima do dia anterior.
III. Venda a descoberto na abertura.
IV. Compre na abertura.

A. I
B. I e II
C. I, II e III
D. I, II, III e IV

Pergunta 3-8

FIGURA 3.8 Walter Energy inc. (WLT) diário. (*Gráfico: Stockcharts.com*)

A Zona de Congestão

Combine as letras das últimas quatro barras no gráfico da Figura 3.8 com as seguintes afirmações.

I. Uma baixa mais baixa e um fechamento mais baixo — monitore o movimento de queda.

II. Eleve o stop.

III. Um falso rompimento de baixa — compre.

IV. Um rompimento para uma nova mínima — monitore se o movimento de queda continuará.

Pergunta 3-9

Marque as afirmações abaixo com um **T** se elas se aplicarem a tendências e com um **R** caso se aplicarem a intervalos de operação:

A. Cada rali alcança uma alta maior.

B. Cada queda atinge aproximadamente o mesmo nível.

C. Continue aumentando suas posições.

D. Saia ao primeiro sinal de reversão.

Pergunta 3-10

FIGURA 3.10 JetBlue Airways Corp. (JBLU) diário. (*Gráfico: Stockcharts.com*)

Decisões nos Suportes e Resistências

Combine as áreas marcadas por letras no gráfico da Figura 3.10 com as seguintes afirmações.

I. A incapacidade de alcançar resistência indica fraqueza — considere vender a descoberto.

II. A incapacidade de alcançar o suporte indica força — considere comprar.

III. Resistência atingida — venda.

IV. Falso rompimento de alta — venda a descoberto.

Pergunta 3-11

Quais das seguintes táticas funcionam bem em tendências de alta?

I. Compre rompimentos para novas máximas.

II. Compre pullbacks no suporte.

III. Compre quando os lucros de sua posição comprada anterior estiverem protegidos por um stop.

IV. Compre quando os preços eliminarem a baixa anterior.

A. I

B. I e II

C. I, II e III

D. I, II, III e IV

Pergunta 3-12

FIGURA 3.12 Boeing Co. (BA) diário. (*Gráfico: Stockcharts.com*)

Caudas de Canguru

Qual das seguintes afirmações não se aplica a “caudas de canguru”, marcadas com “T” na Figura 3.12?

A. Quando uma cauda aponta para baixo, venda a descoberto.

B. As caudas são barras simples que se projetam de zonas de congestão compactas.

C. Quando uma cauda aponta para o alto, dá um sinal de venda.

D. Os mercados geralmente recuam de suas “caudas”.

Pergunta 3-13

Se comprar na área T, perto da borda direita da Figura 3.12, você pode fazer o seguinte, *exceto*:

A. Colocar uma ordem de proteção no meio da cauda.

B. Adicionar à posição comprada na próxima barra que operar mais alto.

C. Obter lucros quando o rali parar de fazer novas máximas.

D. Colocar um stop de proteção abaixo da ponta da cauda.

CAPÍTULO 4

Análise Técnica Computadorizada

Não seria comum, hoje em dia, ver um analista ou um trader que não usa computador. O custo decrescente de equipamentos, software e acesso a dados nivelou o campo entre indivíduos e instituições.

Um computador ajuda a processar a torrente de informações de mercado e a tornar sua análise mais objetiva, mas é apenas uma ferramenta. Comprar o melhor carro não transformará automaticamente um piloto iniciante em especialista. Nesta seção, você testará a si mesmo para ver como dominou as lições sobre análise informatizada de mercado. Se possui um software de análise técnica, sinta-se à vontade para usá-lo ao responder as perguntas.

Perguntas	Teste 1	Teste 2	Teste 3	Teste 4	Teste 5
1					
2					
3					
4					
5					
6					
7					
8					
9					
10					
11					
12					
13					
14					
15					
16					
17					
18					
19					
20					
21					
22					
Respostas Corretas					

Pergunta 4-1

A análise técnica computadorizada:

I. É mais objetiva que o grafismo clássico.
II. Permite aos traders preverem o futuro.
III. Remove as emoções do trade.
IV. Garante o sucesso do trade.

A. I
B. I e II
C. I, II e III
D. I, II, III e IV

Pergunta 4-2

Combine os três tipos de software a seguir com suas descrições:

I. Caixa-cinza.
II. Caixa de ferramentas.
III. Caixa-preta.

A. É alimentada com dados atuais do mercado e retorna sinais específicos de compra e venda.
B. O mesmo que a anterior, mas você pode escolher as configurações e indicadores.
C. Uma coleção de ferramentas e indicadores gráficos.

Pergunta 4-3

Combine os três grupos principais de indicadores técnicos a seguir com suas descrições:

I. Osciladores.
II. Indicadores de acompanhamento de tendência.
III. Indicadores diversos.

A. Fornecem insights sobre a psicologia de massa dos mercados.
B. Pegam pontos de virada em mercados calmos, mas dão sinais prematuros e perigosos quando os mercados começam a mudar.
C. Trabalham melhor quando os mercados estão em movimento, mas dão sinais ruins quando os mercados estão calmos.

Pergunta 4-4

Uma ação fechou em 23, 22, 21, 20, 23 e 24 durante os últimos 6 dias. Qual é a média móvel simples de 5 dias no último dia?

A. 21.

B. 22.

C. 23.

D. Nenhuma das anteriores.

Pergunta 4-5

As médias móveis exponenciais funcionam melhor que as MMs simples por todos os motivos a seguir, *exceto* que as MMEs:

A. São mais fáceis de calcular à mão.

B. Respondem a mudanças nos preços mais rapidamente.

C. Não saltam em resposta aos dados antigos.

D. Acompanham o clima da multidão mais de perto.

Pergunta 4-6

A mensagem mais importante de uma média móvel exponencial é:

A. A amplitude de sua janela de tempo.

B. A capacidade de subir para um novo pico.

C. A capacidade de cair para uma nova mínima.

D. A direção da inclinação.

Pergunta 4-7

FIGURA 4.7 Williams-Sonoma Inc. (WSM) diário, MME de 13 dias. (*Gráfico: Stockcharts.com*)

Sinais Diários da MME

Combine as seções com letras na parte inferior da Figura 4.7 com as seguintes estratégias baseadas na MME.

1. Faça o trade apenas na ponta comprada.
2. Faça o trade apenas na ponta vendida.

Pergunta 4-8

FIGURA 4.8 BlackBerry Limited (BBRY) semanal, MME de 13 semanas. (*Gráfico: Stockcharts.com*)

Sinais Semanais da MME

Combine as áreas com letras da Figura 4.8 com as seguintes táticas baseadas em MME.

1. Opere comprado com um stop de proteção nas proximidades da última mínima.
2. Opere vendido com um stop de proteção nas proximidades da última máxima.
3. Liquide posições e fique de fora — o mercado pode estar revertendo.

Pergunta 4-9.

Quais das seguintes afirmações sobre o MACD são verdadeiras?

I. A linha rápida do MACD reflete tendência de touro ou de urso de curto prazo.
II. A linha lenta do MACD reflete tendência de touro ou de urso de longo prazo.
III. Quando a linha rápida está acima da lenta, os touros estão no controle.
IV. Quando a linha rápida está abaixo da lenta, os ursos estão no controle.

A. I e II
B. III e IV
C. Nenhuma das anteriores
D. I, II, III e IV

Pergunta 4-10

Qual afirmação sobre o histograma MACD *não é verdadeira*?

A. Ele mede o spread entre as linhas MACD rápidas e lentas.
B. Quando se eleva, mostra que os touros estão no controle.
C. Prevê preços mais altos ou mais baixos à frente.
D. Identifica o grupo de mercado dominante.

Pergunta 4-11

FIGURA 4.11 DR Horton Inc. (DHI) diário, 26 dias de MME e MACD de 12-26-9. (*Gráfico: Stockcharts.com*)

Linhas e Histograma MACD

Combine as seguintes declarações com as áreas com letras no gráfico da Figura 4.11.

1. O Histograma MACD sobe para um pico mais alto — espere que os preços retestem ou excedam seu pico de preço.
2. O Histograma MACD cai para uma nova baixa — espere que os preços testem novamente ou excedam seu último piso.
3. Quebra do poder do grupo dominante.
4. Uma divergência de baixa está ocorrendo.
5. Uma divergência de alta está ocorrendo.

Pergunta 4-12

Na borda direita da Figura 4.11, o Histograma MACD, a MME e o preço revelam que:

A. O pico de preço mais recente provavelmente será retestado ou excedido; compre imediatamente.

B. Os ursos estão no controle; opere vendido imediatamente.

C. Deve baixar seu stop e se preparar para obter lucros na posição vendida da divergência de baixa D-F.

Pergunta 4-13

Qual das seguintes afirmações descreve o Movimento Direcional?

A. A parte da barra de hoje que está acima da do dia anterior.

B. A parte da barra de hoje que está abaixo da do dia anterior.

C. A maior parte da barra de hoje, que está fora da do dia anterior.

D. Nenhuma das anteriores.

Pergunta 4-14

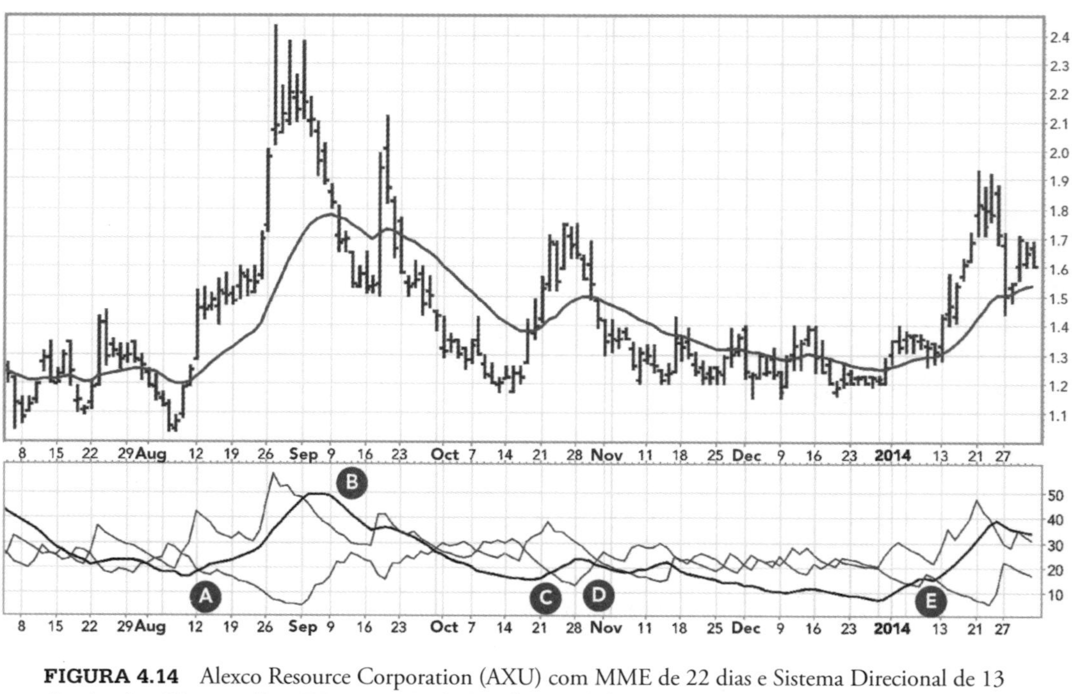

FIGURA 4.14 Alexco Resource Corporation (AXU) com MME de 22 dias e Sistema Direcional de 13 dias (verde +DI, vermelha -DI, preto ADX). (*Gráfico: Stockcharts.com*)

Sistema Direcional

Combine as áreas com letras na Figura 4.14 com as seguintes ações.

I. Quando o Indicador Direcional (ADX) desce de cima das duas Linhas Direcionais, realize pelo menos lucros parciais.

II. Quando o Indicador Direcional penetra acima da Linha Direcional inferior, opere na direção da Linha Direcional superior.

III. Não use um método de acompanhamento de tendências quando o Indicador Direcional estiver abaixo de ambas as Linhas Direcionais.

Pergunta 4-15

Na borda direita da Figura 4.14, o Sistema Direcional nos diz para:

A. Operar comprado.

B. Operar vendido.

C. Ficar de fora.

Pergunta 4-16

Os osciladores ajudam os traders a realizarem todos os seguintes, *exceto*:

A. Identificar os extremos do pessimismo e do otimismo da massa.

B. Pegar todos os topos e fundos.

C. Descobrir se os touros ou se os ursos predominam.

D. Apostar contra desvios e em um retorno à normalidade.

Pergunta 4-17

Quando um oscilador atinge seu pico mais alto em vários meses, qual dos seguintes é *menos provável*?

A. Que o rali faça uma pausa.

B. Que os preços subam para uma alta maior.

C. Que as posições compradas possam ser mantidas.

D. Que os preços caiam.

Pergunta 4-18

FIGURA 4.18 Leapfrog Enterprises Inc. (LF) com MME de 26 dias e 7/3 Estocástico Lento. (*Gráfico: Stockcharts.com*)

Estocástico

Combine as letras na Figura 4.18 com as seguintes formações do Estocástico:

1. Sobrecomprado.
2. Sobrevendido.
3. Divergência de alta.
4. Divergência de baixa.
5. Swing falho.

Pergunta 4-19

Na borda direita da Figura 4.18, a mensagem do Estocástico para o trade é:

A. O Estocástico está sobrecomprado, venda.

B. O Estocástico está subindo, compre.

C. A tendência de baixa ainda está em vigor, venda.

D. O Estocástico é neutro, fique de fora.

Pergunta 4-20

FIGURA 4.20 Tiffany & Co. (TIF) com MME de 26 dias e RSI de 13 dias. (*Gráfico: Stockcharts.com*)

Índice de Força Relativa

Combine as formações com letras do RSI (Índice de Força Relativa) na Figura 4.20 com os padrões listados a seguir.

1. Sobrecomprado.
2. Sobrevendido.
3. Divergência de alta.
4. Divergência de baixa.

Pergunta 4-21

Na borda direita da Figura 4.20, o RSI nos diz que:

A. A ação está sobrevendida, compre.

B. Existe uma divergência de baixa, venda.

C. O RSI está mais fraco para mostrar tendência, fique de fora.

D. Os sinais estão misturados, fique de fora por enquanto.

Pergunta 4-22

Com o mercado em tendência de baixa, um oscilador, como o Estocástico ou o RSI, identifica:

I. Oportunidades de operar vendido.
II. Áreas de venda.
III. Oportunidades de compra.
IV. Áreas de cobertura de vendas a descoberto.

A. I e II
B. III e IV
C. I, II, III e IV
D. Nenhuma das anteriores

CAPÍTULO 5

Volume e Tempo

Os iniciantes só pensam nos preços. É fácil ficar hipnotizado com as ações movendo-se para cima e para baixo.

Os analistas experientes obtêm uma compreensão muito mais profunda dos mercados, incluindo o volume em suas análises. Além disso, as alterações de preço precisam estar ligadas ao tempo necessário para ocorrerem. Todas as decisões de trade devem ser tomadas por meio da análise de mais de um time frame.

Este capítulo também analisa o interesse aberto, uma medida relevante apenas para os mercados de derivativos, como futuros ou opções. Se você não opera derivativos, nem deseja estudar juros abertos, pule as perguntas 5–7, 5–8 e 5–9, e acrescente três pontos a sua pontuação.

Perguntas	Teste 1	Teste 2	Teste 3	Teste 4	Teste 5
1					
2					
3					
4					
5					
6					
7					
8					
9					
10					
11					
12					
13					
14					
15					
16					
17					
18					
19					
Respostas Corretas					

Pergunta 5-1

O volume retrata todos os seguintes, *exceto*:

A. Como os participantes do mercado reagirão às mudanças futuras de preço.

B. Quantos vencedores e perdedores estão ativos no mercado.

C. Se as massas de perdedores estão se mantendo no mercado ou desistindo.

D. O grau de envolvimento emocional entre os traders.

Pergunta 5-2

O mercado está em alta há vários meses em um padrão ordenado de ralis e quedas superficiais; um novo rali está em andamento. Combine os seguintes pares de declarações referentes ao volume desse rali:

1. O volume está levemente mais alto do que estava no rali anterior.
2. O volume é o dobro do que era no rali anterior.
3. O volume é metade do que era no rali anterior.
4. O volume é aproximadamente o mesmo do rali anterior.

A. Os ursos estão em pânico; realize, pelo menos, lucros parciais em posições compradas.

B. A tendência de alta é saudável; mantenha a posição comprada ou adicione a essa posição.

C. A tendência de alta está perdendo a força; realize, pelo menos, lucros parciais em posições compradas.

D. A tendência de alta é saudável; mantenha a posição comprada.

Pergunta 5-3

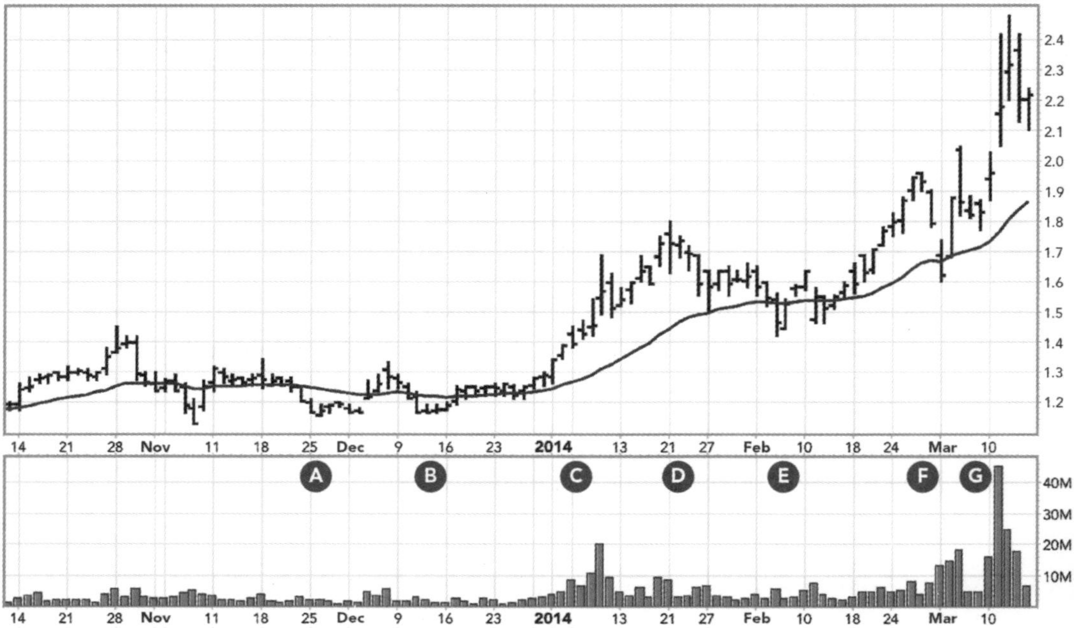

FIGURA 5.3 Capstone Turbine Corp. (CPST) com MME de 26 dias e volume diário. (*Gráfico: Stockcharts.com*)

Volume

Identifique os seguintes padrões de volume, combinando-os com as letras apropriadas na Figura 5.3.

1. O volume traça um pico mais baixo enquanto os preços traçam um maior — espere uma reação mais profunda, realize lucros em posições compradas.
2. O volume diminui enquanto os preços se aproximam da parte inferior de seu intervalo — procure oportunidades de compra.
3. O volume se expande em um rali — espere preços mais altos, segure durante as correções.
4. O volume se reduz em um pullback até o valor — procure ou adicione posições compradas.

Pergunta 5-4

Na borda direita da Figura 5.3, o padrão de volume e de preços mostra que:

A. Os preços estão subindo com grande volume; compre imediatamente.
B. Os preços estão em um pullback com queda do volume — espere que o declínio pare e depois compre.
C. O último rali teve um nível de volume insustentável — venda.
D. É melhor ficar de fora por enquanto.

Pergunta 5-5

Qual das seguintes afirmações é correta? O On-Balance Volume (OBV):

I. Confirma que o urso se move quando cai para uma nova baixa.
II. Rastreia o comprometimento emocional dos traders.
III. Em geral, atinge um novo pico antes de um novo pico no preço.
IV. Aumenta sempre que o mercado se fecha mais baixo.

A. I
B. I e II
C. I, II e III
D. I, II, III e IV

Pergunta 5-6

Combine as declarações sobre Acúmulo/Distribuição dos dois conjuntos a seguir:

1. Os preços abrem abaixo do fechamento do dia anterior e fecham abaixo da abertura.
2. Os preços abrem acima do fechamento dia anterior e fecham acima da abertura.
3. Os preços abrem acima do fechamento do dia anterior, mas fecham nas mínimas do dia.
4. Os preços abrem abaixo do fechamento do dia anterior, mas fecham nas máximas do dia.

A. Amadores relativamente pessimistas, profissionais relativamente otimistas.
B. Amadores relativamente otimistas, profissionais relativamente pessimistas.
C. Amadores e profissionais otimistas.
D. Amadores e profissionais pessimistas.

Pergunta 5-7

O Chicago Board of Trade relata que o interesse aberto da soja está em 300 mil contratos. Isso significa que:

A. 150 mil contratos são mantidos pelos comprados e 150 mil, devidos pelos vendidos.

B. 300 mil contratos são mantidos pelos comprados e 300 mil, devidos pelos vendidos.

C. 600 mil contratos são mantidos pelos comprados e 600 mil, devidos pelos vendidos.

D. Não há informações suficientes para dizer quem detém quantos contratos.

Pergunta 5-8

Combine as seguintes ações com seu impacto no interesse aberto:

1. Um trader que está comprado vende para um que está vendido.
2. Um urso novo entra no mercado e vende a descoberto a um urso que compra para cobrir suas vendas.
3. Um novo touro entra no mercado e compra de um touro que vende sua posição.
4. Um novo comprador e um novo vendedor fazem o trade entre si.

A. O interesse aberto aumenta.

B. O interesse aberto diminui.

C. O interesse aberto permanece inalterado.

Pergunta 5-9

O aumento no interesse aberto mostra que:

I. Os touros são confiantes e agressivos.

II. O estoque de perdedores está crescendo.

III. A tendência provavelmente continuará.

IV. Os ursos são confiantes e agressivos.

A. I

B. I e II

C. I, II e III

D. I, II, III e IV

Pergunta 5-10

À medida que os preços mudam, quais fatores refletem a força desse movimento?

I. O tamanho da mudança de preço.
II. O volume do trading durante esse movimento.
III. A direção do movimento.
IV. Os mercados relacionados.

A. I
B. I e II
C. I, II e III
D. I, II, III e IV

Pergunta 5-11

A fórmula do Índice de Força é:

A. $\text{Fechamento}_{\text{hoje}} \bullet (\text{Volume}_{\text{hoje}} - \text{Volume}_{\text{ontem}})$.
B. $\text{Fechamento}_{\text{hoje}} \bullet (\text{Volume}_{\text{hoje}} + \text{Volume}_{\text{ontem}})$.
C. $\text{Volume}_{\text{hoje}} \bullet (\text{Fechamento}_{\text{hoje}} + \text{Fechamento}_{\text{ontem}})$.
D. $\text{Volume}_{\text{hoje}} \bullet (\text{Fechamento}_{\text{hoje}} - \text{Fechamento}_{\text{ontem}})$.

Pergunta 5-12

Por que combinar o Índice de Força com uma média móvel?

I. O histograma do Índice de Força diário é muito irregular.
II. Uma MME de 2 dias do Índice de Força ajuda a encontrar pontos de entrada em trades.
III. Uma MME de 13 dias do Índice de Força ajuda a encontrar grandes mudanças na força dos touros e ursos.
IV. As divergências entre o Índice de Força e os preços identificam pontos de virada no mercado.

A. I
B. I e II
C. I, II e III
D. I, II, III e IV

Pergunta 5-13

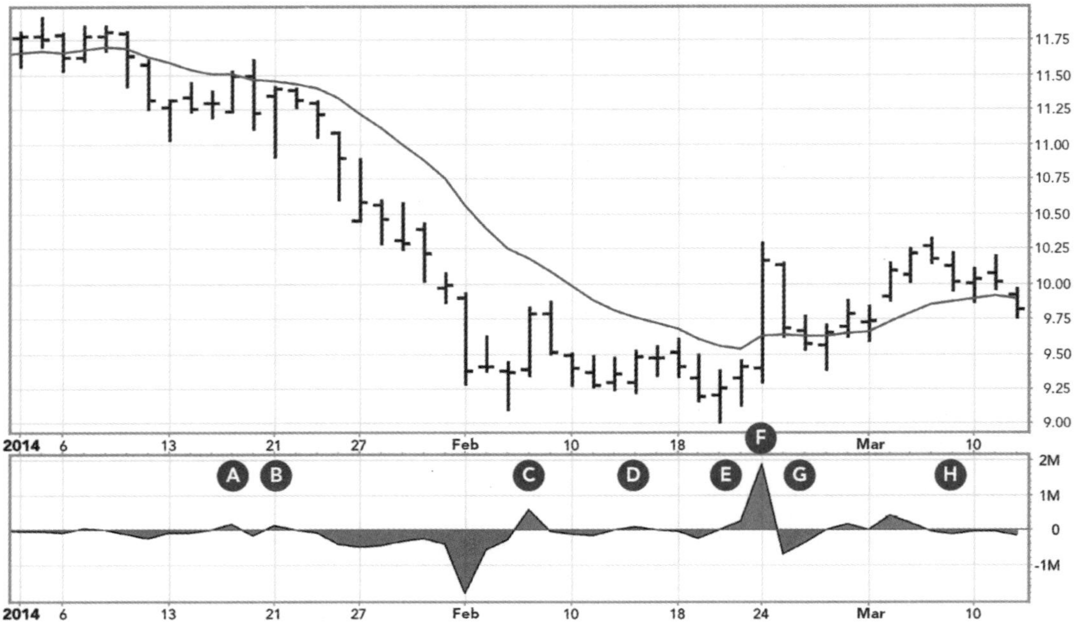

FIGURA 5.13 Scorpio Tankers, Inc. (STNG) com MME de 13 dias do preço e MME de 2 dias do Índice de Força. (*Gráfico: Stockcharts.com*)

Índice de Força, MME de 2 Dias

Um Índice de Força de curto prazo, suavizado com uma MME de 2 dias, ajuda a decidir quando colocar os trades na direção da tendência de preço vigente, que é definida com a inclinação de preço da MME. O Índice de Força também mostra quando realizar lucros de curto prazo. Combine as áreas com letras no gráfico da Figura 5.13 com as seguintes declarações.

1. Compra.
2. Pare de vender a descoberto, busque comprar.
3. Venda a descoberto.
4. Cubra as vendas a descoberto.

Pergunta 5-14

Na borda direita da Figura 5.13, a mensagem do Índice de Força de 2 dias é:

A. Fique de fora.
B. Compre.
C. Venda.

Pergunta 5-15

FIGURA 5.15 EMC Corp. (EMC) com MME de 13 dias de preço e MME de 13 dias de Índice de Força. (*Gráfico: Stockcharts.com*)

Índice de Força, MME de 13 Dias

Um Índice de Força de longo prazo, suavizado com uma MME de 13 dias, fornece várias mensagens estratégicas. Associe as áreas com letras no gráfico da Figura 5.15 às seguintes declarações.

1. Crossover de baixa — opere vendido.
2. Crossover de alta — opere comprado.
3. A força dominante está enfraquecendo.

Pergunta 5-16

Na borda direita da Figura 5.15, a mensagem do Índice de Força de 13 dias é:

A. Fique de fora.

B. Compre.

C. Venda a descoberto.

Pergunta 5-17

A presença de ciclos nos dados de mercado depende:

I. Das mudanças nos fundamentos econômicos.

II. Da ganância nos bons tempos e do medo nos maus, entre produtores e consumidores.

III. Das oscilações entre pessimismo e otimismo entre os traders.

IV. Das influências planetárias.

A. I.

B. I e II.

C. I, II e III.

D. I, II III e IV.

Pergunta 5-18

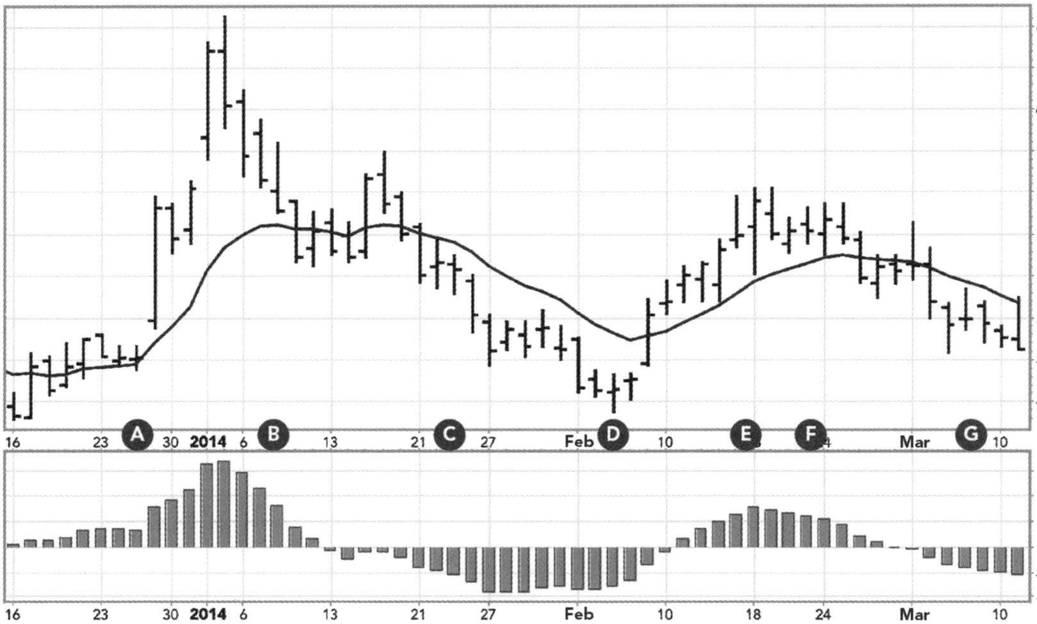

FIGURA 5.18 Molycorp, Inc. (MCP) com MME de 13 dias do preço e Histograma MACD de 12-26-9. (*Gráfico: Stockcharts.com*)

Indicadores Sazonais

Identifique os "indicadores sazonais", combinando-os com as letras apropriadas na Figura 5.18.

1. Primavera, compre.
2. Verão, comece a realizar posições compradas.
3. Outono, opere vendido.
4. Inverno, comece a realizar posições vendidas.

Pergunta 5-19

Os traders analisam os mercados em maior profundidade observando dois time frames. Qual das seguintes combinações faz mais sentido?

A. Semanal e diário.
B. Mensal e diário.
C. Anual e diário.
D. Anual e semanal.

CAPÍTULO 6

Indicadores Gerais de Mercado

Os mercados consistem em grandes multidões de traders, cuja compra e cuja venda criam ondas de otimismo e de pessimismo em massa. As tendências de preços resultantes atraem espectadores, e sua compra e venda reforçam essas tendências, levando-os a extremos insustentáveis. Fatores econômicos fundamentalistas governam os mercados em longo prazo, mas a psicologia de massa determina as tendências em curto e médio prazo.

Vários indicadores auferem a pressão da multidão do mercado em ações e futuros. Os indicadores que analisam o mercado de ações como um todo são especialmente úteis para operar futuros e opções sobre índices de ações. Como as amplas tendências do mercado influenciam a maioria das ações, esses sinais também ajudam os traders de ações.

Os indicadores gerais de mercado são particularmente importantes para aqueles que operam nos Estados Unidos, onde vários serviços de consultoria os rastreiam. Traders estrangeiros poderiam lucrar com o desenvolvimento de ferramentas semelhantes nos próprios países.

Perguntas	Teste 1	Teste 2	Teste 3	Teste 4	Teste 5
1					
2					
3					
4					
5					
6					
7					
8					
9					
10					
11					
12					
Respostas Corretas					

Pergunta 6-1

O Índice New High-New Low (NH-NL):

I. Mede o número de novas máximas em um dia específico.
II. Rastreia o número de ações mais fracas na bolsa.
III. Mede o número de novas mínimas em um dia específico.
IV. Rastreia o número de ações mais fortes na bolsa.

A. I e III.
B. II e IV.
C. I, II, III e IV.
D. Nenhuma das anteriores.

Pergunta 6-2

Combine os seguintes padrões NH-NL com suas mensagens de mercado.

1. O NH-NL é positivo; sobe para uma nova máxima para o movimento.
2. O mercado de ações cai para uma nova mínima; o NH-NL traça um fundo mais alto.
3. O NH-NL é negativo; declina para uma nova mínima para o movimento.
4. O mercado de ações atinge um novo pico; o NH-NL traça um pico mais baixo.

A. A liderança dos ursos é forte; opere posições vendidas.
B. A divergência de baixa mostra que os touros estão ficando fracos; comece a realizar lucros de posições longas e procure vender a descoberto.
C. A divergência de alta mostra que os ursos estão se tornando fracos; comece a realizar lucros de posições vendidas e procure comprar.
D. A liderança altista é forte; opere posições compradas.

Pergunta 6-3

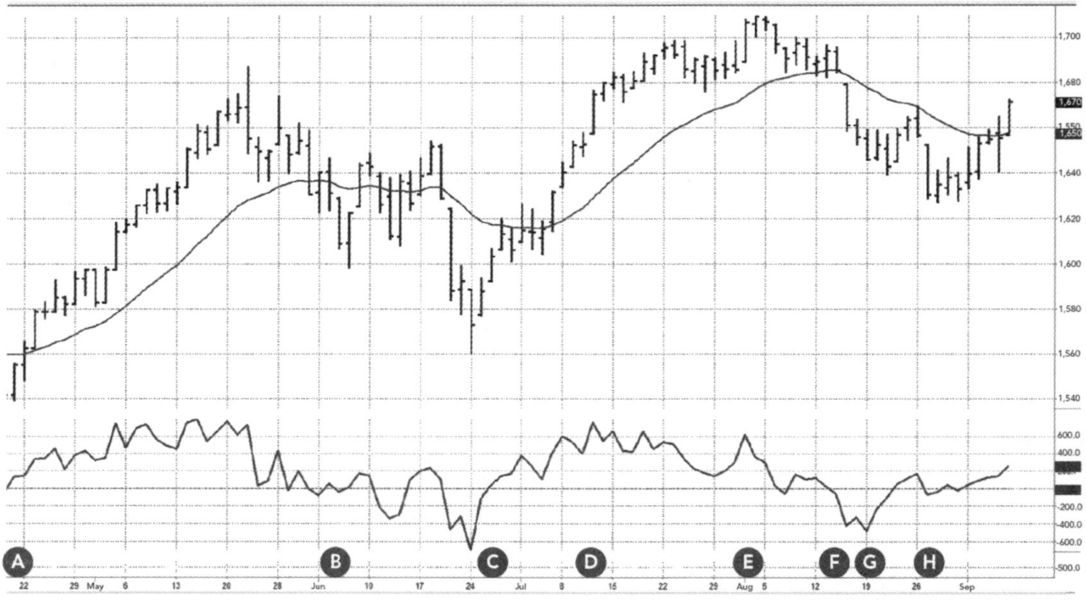

FIGURA 6.3 S&P 500 com MME de 22 dias, um Índice New High-New Low, com um ano de avaliação do período em retrocesso. (*Dados de NH-NL de Barchart.com; gráfico: TradeStation*)

O Índice New High-New Low

Identifique os seguintes padrões, combinando-os com as letras apropriadas no gráfico do NH-NL, na Figura 6.3.

1. Os touros predominam; opere comprado.
2. Os ursos predominam; opere vendido.
3. Há divergência de alta; realize lucros na posição vendida e prepare-se para comprar.
4. Há divergência de baixa; realize lucros na posição comprada e prepare-se para vender a descoberto.

Pergunta 6-4

Na borda direita da Figura 6.3, o NH-NL indica que:

A. O NH-NL está sobrecomprado; venda a descoberto.

B. O NH-NL é positivo e crescente; compre.

C. Não há divergência de alta; fique de fora.

D. Os sinais de trade são mistos; fique de fora.

Pergunta 6-5

Quais das seguintes afirmações se aplicam à linha de avanço/declínio?

I. Rastreia o número de ações em alta e baixa.
II. Indica força quando sobe para uma nova alta e fraqueza quando cai para uma nova mínima.
III. O padrão de picos e vales da A/D é mais importante que seu nível.
IV. Mostra quando o volume confirma os movimentos de preço.

A. I.
B. I e II.
C. I, II e III.
D. I, II, III e IV.

Pergunta 6-6

Quando o consenso de alta no mercado de ações sobe para um nível recorde, isso mostra que:

I. O mercado está perto de um topo, comece a vender e procure vendas a descoberto em potencial.
II. A tendência de alta é forte, compre.
III. Não há novos compradores suficientes para suportar o mercado.
IV. Você deve dobrar posições compradas.

A. I.
B. I e III.
C. II.
D. II e IV.

Pergunta 6-7

Durante uma poderosa tendência de alta nos futuros de cobre, o consenso de alta sobe para 75%. Isso significa que:

A. Um urso médio investiu três vezes mais dinheiro do que um touro médio.
B. Um urso médio investiu aproximadamente tanto dinheiro quanto um touro médio.
C. Um touro médio investiu três vezes mais dinheiro que um urso médio.
D. Não há informações suficientes para decidir quem investiu mais dinheiro.

Pergunta 6-8

Uma ótima colheita de milho aumenta a oferta e envia futuros de milho para um mercado em baixa. À medida que os preços desmoronam, o consenso de alta cai para 20%, ou seja:

A. Um touro médio investiu cinco vezes mais dinheiro que um urso médio.

B. Um touro médio investiu aproximadamente tanto dinheiro quanto um urso médio.

C. Um urso médio investiu quatro vezes mais dinheiro do que um touro médio.

D. Um touro médio investiu quatro vezes mais dinheiro do que um urso médio.

Pergunta 6-9

O jornal informa que os preços do café estão no nível mais alto em 6 anos; um programa de TV mostra neve no Brasil cafeeiro; sua sogra diz que comprou 5kg de café instantâneo antes que os preços subam mais. Sua reação como trader é planejar:

A. Comprar futuros de café ou comprar calls.

B. Vender futuros de café ou comprar puts.

C. Comprar futuros de cacau, como um jogo de recuperação com o café.

D. Comprar ouro, porque o aumento do café é um sinal de inflação.

Pergunta 6-10

Combine as seguintes afirmações sobre as posições dos traders.

1. Limites de posição.
2. Limites que exigem informar a posição.
3. Insider trading.
4. Hedging.

A. O nível em que o trade é informado a uma agência governamental.

B. Entrada em trades de futuros para compensar posições de commodities reais.

C. Pode ser ultrapassado por traders comerciais.

D. Questão jurídica nos mercados de futuros.

Pergunta 6-11

Combine as seguintes afirmações sobre diferentes grupos de participantes do mercado.

1. Pequenos especuladores.
2. Grandes especuladores.
3. Comerciantes/comerciais.
4. Insiders corporativos.

A. Mantém contratos acima dos níveis obrigatórios de informar.
B. Faz hedge no risco dos negócios.
C. Diretores e grandes acionistas.
D. O grupo com maior probabilidade de perder no mercado.

Pergunta 6-12

Um mercado de urso tem 11 meses; a empresa cujas ações você segue reporta lucros trimestrais menores; seus dois vice-presidentes e um dos principais acionistas compram mais ações; a ação está US$1 acima da baixa do ano. Como investidor:

A. Venda imediatamente (o mercado de urso está forte).
B. Compre imediatamente (o insider está comprando).
C. Fique de fora até o próximo mercado em alta.
D. Comece a montar posições compradas.

CAPÍTULO 7

Sistemas de Trade

Um sistema de trading é uma árvore de tomada de decisão para definir entradas, alvos e stops. É um instrumento útil, mas não um dispositivo mágico que pode ser ajustado com dados antigos e automatizado para retirar os lucros sem esforço dos mercados.

Você desenvolve um sistema de trade na calada de seu escritório, quando o ruído do mercado se acalma. Um sistema cuidadosamente criado torna-se sua ilha de estabilidade e inteligência no ambiente tempestuoso do mercado. Um sistema confiável o ajudará a manter o controle no momento em que a maré de emoções em massa varrer as pessoas.

Este capítulo testará seu conhecimento de vários sistemas de trade que resistiram ao teste do tempo. Ao responder as perguntas, considere operar com um desses sistemas ou usá-los como ponto de partida para desenvolver o seu próprio.

Perguntas	Teste 1	Teste 2	Teste 3	Teste 4	Teste 5
1					
2					
3					
4					
5					
6					
7					
8					
9					
10					
11					
12					
14					
15					
16					
Perguntas Corretas					

Pergunta 7-1

Qual das seguintes afirmações pode ser verdadeira ao mesmo tempo em qualquer mercado?

I. A tendência está em alta.
II. A tendência está em baixa.
III. Um indicador dá um sinal de compra.
IV. Um indicador dá um sinal de venda.

A. I e III
B. II e IV
C. I, II, III e IV
D. Nenhuma das anteriores

Pergunta 7-2

Ao tentar encontrar um trade com base em um gráfico diário:

A. Concentre toda a atenção nele.
B. Identifique a tendência do gráfico semanal e use o gráfico diário para procurar somente trades na direção da tendência semanal.
C. Encontre um trade no gráfico diário e verifique se o gráfico semanal aponta na mesma direção.
D. Identifique a tendência do gráfico mensal e use o diário para procurar somente trades nessa direção.

Pergunta 7-3

Ao explorar um sistema de trade potencial, todas as etapas a seguir são essenciais, *exceto*:

A. O backtesting com uma barra por vez.
B. O forward-testing com pequenas quantias de dinheiro.
C. Procurar feedback de outros usuários do sistema.
D. Manter registros de todos os trades.

Pergunta 7-4

Os números essenciais a serem anotados antes de entrar em qualquer trade incluem todos os seguintes, *exceto*:

A. O preço ou um intervalo para a entrada.
B. O lucro potencial em dólares.
C. O alvo para o trade.
D. O stop de proteção.

Pergunta 7-5

Se usar a inclinação do Histograma MACD semanal como a primeira tela do sistema de operação com três telas, e essa inclinação estiver inoperante, você poderá:

I. Operar comprado.
II. Operar vendido.
III. Ficar de fora.
IV. Todas as anteriores.

A. I e III
B. II e III
C. III
D. IV

Pergunta 7-6

A primeira tela do sistema de operação com três telas aponta para cima. Se usar um Estocástico de 5 dias como segunda tela e ele subir para 85, poderá:

A. Comprar imediatamente.
B. Vender a descoberto imediatamente.
C. Esperar que o Estocástico caia abaixo de 40 e então comprar.
D. Esperar que o Estocástico caia abaixo de 40 e então vender a descoberto.

Pergunta 7-7

A tendência semanal é de alta, mas o declínio dos últimos dias elevou a MME de 2 dias do Índice de Força, que você usa como segunda tela, abaixo de zero. O próximo passo é:

A. Aguardar até que ambas as telas se alinhem.
B. Colocar uma ordem para comprar acima da máxima do dia anterior.
C. Colocar uma ordem para vender abaixo da mínima do dia anterior.
D. Fechar todas as posições abertas.

Pergunta 7-8

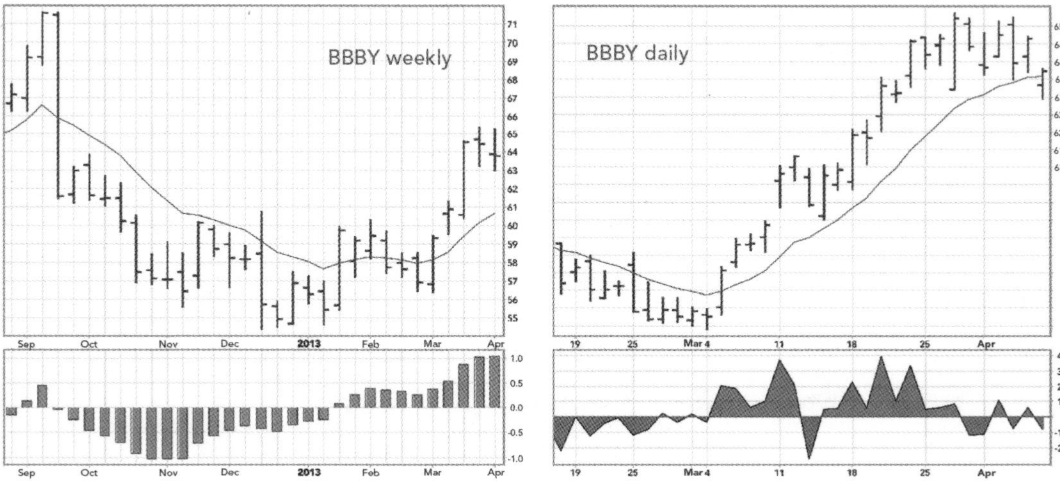

FIGURA 7.8 À esquerda: gráfico semanal de BBBY com MME de 13 barras e Histograma MACD de 12-26-9. À direita: gráfico diário BBBY com MME de 13 barras e Índice de Força de 2 barras. (*Gráfico: Stockcharts.com*)

Sistema de Operação com Três Telas

Nas bordas direitas dos dois gráficos da Figura 7.8, o sistema de operação com três telas nos diz que:

A. A tendência semanal está em alta, a tendência diária está em alta, compre imediatamente.

B. O Índice de Força diário mostra uma divergência de baixa, venda imediatamente.

C. A tendência semanal está em alta e o Índice de Força diário está sobrevendido, coloque uma ordem de compra acima da máxima da última barra diária.

D. As tendências semanais e diárias apontam em direções diferentes, fique de fora.

Pergunta 7-9

Combine as seguintes afirmações sobre o sistema de trade de tela tripla com as ações indicadas.

1. A tendência semanal está em alta, a tendência diária está em alta.
2. A tendência semanal está em alta, a tendência diária está em baixa.
3. A tendência semanal está em baixa, a tendência diária está em alta.
4. A tendência semanal está em baixa, a tendência diária está em baixa.

A. Comece a colocar ordens de compra.

B. Comece a colocar ordens de venda a descoberto.

C. Fique de fora.

Pergunta 7-10

Qual das seguintes afirmações sobre o sistema Impulse é *incorreta*?

A. O sistema Impulse diz aos operadores quando comprar ou vender.

B. A inclinação de uma média móvel rápida reflete a direção da inércia do mercado.

C. A inclinação das duas últimas barras do Histograma MACD reflete a direção do poder de mercado.

D. O sistema Impulse remove a proibição de compra ou venda, alterando sua cor.

Pergunta 7-11

Combine as seguintes leituras do indicador com as mensagens do sistema Impulse.

1. A MME está subindo; o Histograma MACD, subindo.
2. A MME está subindo; o Histograma MACD, caindo.
3. A MME está caindo; o Histograma MACD, caindo.
4. A MME está caindo; o Histograma MACD, subindo.

A. Sistema Impulse verde (alta).

B. Sistema Impulse vermelho (baixa).

C. Sistema Impulse azul (neutro).

Pergunta 7-12

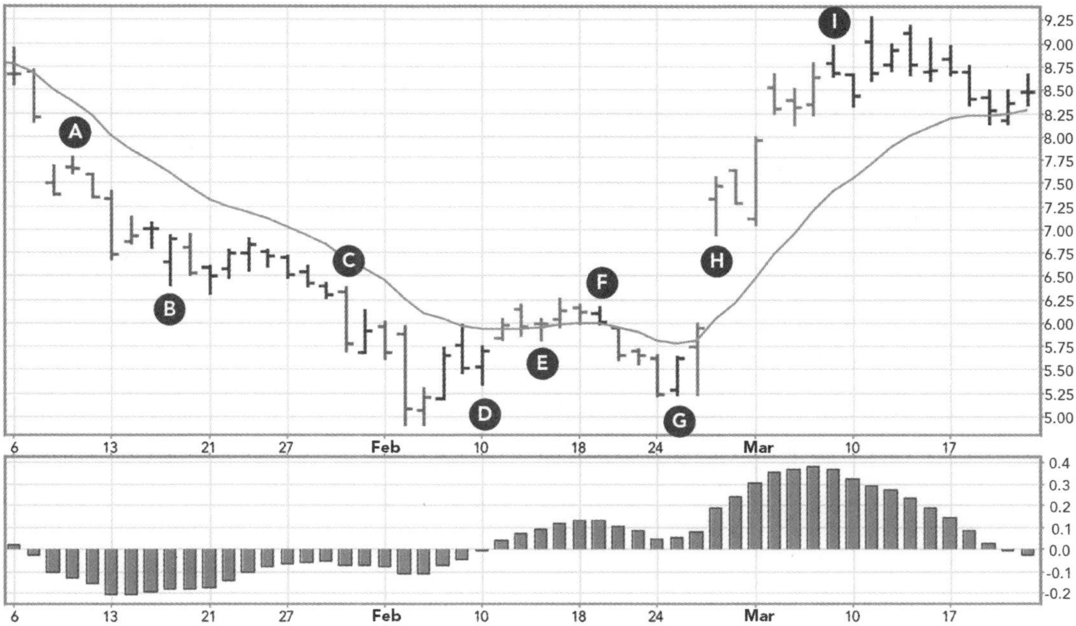

FIGURA 7.12 JCP diário com MME de 13 barras, Histograma MACD de 12-26-9 e sistema Impulse. (*Gráfico: Stockcharts.com*)

O Sistema Impulse

Combine as barras com letras no gráfico da Figura 7.12 com as seguintes declarações:

1. Permitido comprar ou ficar de fora, proibido vender.
2. Permitido vender ou ficar de fora, proibido comprar.
3. Permitido comprar, vender ou ficar de fora.

Pergunta 7-13

Olhando para o gráfico semanal de BBBY, na Figura 7.8, qual seria a cor da barra à direita se aplicássemos o sistema Impulse?

A. Verde.

B. Vermelho.

C. Azul.

D. Não há informações suficientes para decidir.

Pergunta 7-14

A largura correta de um canal em torno de uma média móvel:

A. É um segredo bem guardado dos traders profissionais.
B. Contém todos os preços para as últimas 50 a 100 barras.
C. Contém cerca de 90% dos preços das últimas 50 a 100 barras.
D. Contém cerca de metade dos preços das últimas 50 a 100 barras.

Pergunta 7-15

Relacione as afirmações sobre a movimentação de canais médios dos dois conjuntos a seguir:

1. O mercado está subvalorizado.
2. O mercado está supervalorizado.
3. Depende da volatilidade.
4. O mercado está corretamente precificado.

A. A linha superior do canal.
B. A média móvel.
C. A linha inferior do canal.
D. Coeficiente de canal.

Pergunta 7-16

Qual afirmação sobre canais é *incorreta*?

A. Comprar ou vender no meio de um canal sempre oferece trades atraentes porque você compra ou vende no consenso de valor.
B. Quando um canal sobe acentuadamente, uma penetração de alta na linha superior do canal indica que o mercado é forte e deve-se comprar quando ele retornar à média móvel.
C. Quando um canal é relativamente estável, o mercado quase sempre oferece uma boa compra perto do fundo do canal de trade e uma boa venda perto do topo.
D. Um rompimento abaixo da linha inferior de um canal em queda acentuada indica que o mercado está fraco e um recuo para a média móvel oferecerá uma oportunidade de venda a descoberto.

CAPÍTULO 8

Veículos de Trade

Alguns profissionais dizem: "Não faço trade de ações, futuros ou opções; faço trade de dinheiro na minha conta." Eles se concentram no design do sistema e na gestão de riscos, considerando que o que operam são apenas veículos em que o dinheiro dá um passeio, esperamos que na direção certa.[1]

Há uma enorme variedade de veículos de trade. Antes de se concentrar em um único grupo, ou mesmo em um grupo menor dentro dele, vale a pena saber quais outros instrumentos estão disponíveis.

Este capítulo testará seu conhecimento sobre várias classes principais de instrumentos de trade. Ao responder às perguntas, pense com o que faz trade atualmente. Você pode até mesmo decidir ampliar sua atenção e fazer trade com outro tipo de instrumento e, claro, sempre pode fazê-lo com mais de um tipo.

1 Vários anos atrás, um guia beduíno da Jordânia perguntou-me sobre minha profissão e eu disse a ele que fazia trade em Wall Street. Ele dirigiu pelo mercado local, onde seus amigos negociavam cabras, que, a cerca de US$300 cada, eram uma grande reserva de valor no deserto. Ele perguntou se eu gostaria de fazer negócios, mas eu ri e disse que, se levássemos seus operadores do deserto para Wall Street e lhes mostrássemos como usar os computadores, eles superariam muitos caras locais.

Perguntas	Teste 1	Teste 2	Teste 3	Teste 4	Teste 5
1					
2					
3					
4					
5					
6					
7					
8					
9					
10					
11					
12					
Respostas Corretas					

Pergunta 8-1

Ao selecionar um ativo de trade, qual das seguintes opções não representa algo *crucial* a ser considerado?

A. Liquidez.
B. Volatilidade.
C. Popularidade.
D. Fusos horários.

Pergunta 8-2

Ao comprar uma ação, você:

A. Faz um empréstimo para a empresa.
B. Torna-se um insider.
C. Lucra se a empresa ganhar dinheiro.
D. Torna-se proprietário parcial da empresa.

Pergunta 8-3

Como Warren Buffett sugere lidar com o "Sr. Mercado"?

I. Comprar quando o Sr. Mercado estiver feliz.
II. Vender quando o Sr. Mercado estiver feliz.
III. Vender quando o Sr. Mercado estiver deprimido.
IV. Comprar quando o Sr. Mercado estiver deprimido.

A. I
B. II
C. I e III
D. II e IV

Pergunta 8-4

Um exchange-traded fund (ETF) é um ativo que representa um conjunto de ativos, projetado para ser operado como ação. Qual das seguintes afirmações sobre os ETFs está *incorreta*?

A. Os ETFs oferecem uma escolha restrita de ativos.
B. Os ETFs rastreiam os índices e títulos subjacentes sem muita precisão.
C. Despesas administrativas de ETFs "cortam" os lucros.
D. Os ETFs lhe permitem comprar uma classe de ativos ou um grupo de ações.

Pergunta 8-5

Combine os conjuntos de instruções a seguir com as opções de ações relacionadas.

1. Uma aposta de que uma ação vai cair.
2. Uma aposta de que uma ação vai subir.
3. Uma call cuja cotação da ação subjacente está inferior ao preço de exercício.
4. Uma call cuja cotação da ação subjacente está acima do preço de exercício.

A. Out-of-the-money.
B. Put.
C. In-the-money.
D. Call.

Pergunta 8-6

Os preços das opções dependem de todos os itens a seguir, *exceto*:

A. A proximidade da data de vencimento da opção.
B. A proximidade do preço de exercício da opção.
C. Até que ponto as ações subjacentes seguem o grupo setorial a que pertencem.
D. A volatilidade das ações subjacentes.

Pergunta 8-7

Combine as seguintes declarações sobre calls e puts.

1. O preço da ação subjacente aumenta.
2. O preço da ação subjacente cai.
3. O preço da ação subjacente permanece estável.

A. Lucrativo para um comprador de calls.
B. Lucrativo para um comprador de puts.
C. Lucrativo para um lançador de calls.
D. Lucrativo para um lançador de puts.

Pergunta 8-8

Qual das seguintes etapas orientadas para buscar segurança é melhor evitar ao lançar opções?

A. Lançá-las fora dos níveis de preço que espera que a ação subjacente atinja.
B. Colocar um stop para sair da posição da opção caso o mercado se mova contra você até um determinado limite de dado valor.
C. Procurar lançar opções com deltas baixos.
D. Abrir uma conta de segurança.

Pergunta 8-9

Qual é a maior diferença entre comprar futuros e opções?

A. O número de posições compradas e vendidas.
B. Os futuros são menos correlacionados do que as opções de ações.
C. Existem milhares de ações opcionais, mas apenas dezenas de futuros.
D. O máximo que um comprador de opções pode perder é o prêmio inicial, mas um comprador de futuros, muito mais.

Pergunta 8-10

O principal perigo dos mercados de futuros é:

A. A vida relativamente curta de seus contratos, comparada à das ações.
B. O trading com pequenos depósitos de margem.
C. A existência dos limites diários de preço.
D. O insider trading feito por hedgers.

Pergunta 8-11

Combine as seguintes afirmações sobre futuros:

1. Um contrato para a entrega de uma commodity no próximo mês tem um preço maior do que para entregas mais distantes.
2. Um operador abre uma posição de futuros contrária à posição que já detém na commodity.
3. Um grande distúrbio climático ameaça a colheita do algodão.
4. Um forte inverno aumenta o preço do óleo de aquecimento, um trader vende óleo de aquecimento a descoberto e compra petróleo bruto.

A. Mercado comandado para a oferta.
B. Spread trading.
C. Mercado invertido.
D. Hedging.

Pergunta 8-12

Quais declarações sobre o mercado de forex estão corretas?

I. O mercado de forex não tem localização central; os operadores institucionais lidam diretamente uns com os outros.
II. As casas de forex tendem a aceitar ordens de clientes sem executar qualquer trade.
III. Margens a partir de 1:30 ajudam os operadores a lucrar.
IV. Uma corretora varejista de forex aufere sua receita de comissões.

A. I
B. I e II
C. I, II e III
D. I, II, III e IV

CAPÍTULO 9

Gestão de Risco

Um sistema brilhante não garante a vitória em todos os trades. É por isso que todo sistema deve incluir regras de gestão de risco. Muitos criadores de sistemas promissores continuam perdendo dinheiro devido ao controle de risco deficiente ou ausente.

Todo e qualquer sistema tem seus períodos de redução de eficácia, quando a gestão representa a diferença entre a vida e a morte. Nenhum sistema lhe gerará benefícios se o risco não for gerido.

Os profissionais passam muito tempo calculando quanto dinheiro arriscar em determinado trade e como variar o tamanho do trade, dependendo das condições do mercado e da equidade do patrimônio da conta. A gestão de riscos é essencial para sua sobrevivência e sucesso.

Você deve a si mesmo ganhar uma excelente classificação nesta seção do *Guia Prático* — nada menos que isso! Como traders, navegamos em um oceano tempestuoso. As regras de gestão de risco são nossos salva-vidas. Certifique-se de que seu equipamento de segurança esteja em boas condições.

Perguntas	Teste 1	Teste 2	Teste 3	Teste 4	Teste 5
1					
2					
3					
4					
5					
6					
7					
8					
9					
10					
11					
12					
14					
15					
16					
17					
Respostas Corretas					

Pergunta 9-1

Um trader sente-se muito feliz após um trade lucrativo e frustrado após uma perda. Isso significa que:

A. Ele está no caminho certo; é importante ouvir seus sentimentos.

B. Sua mente está obscurecida por emoções que interferem na tomada de boas decisões.

C. Ele deve dobrar o tamanho de sua posição quando se sentir feliz e sair quando se sentir magoado.

D. Sentir-se frustrado é uma reação adequada a um trade fracassado.

Pergunta 9-2

Os traders mantêm-se em trades perdedores pelas seguintes razões, *exceto*:

A. Eles se apegam às posições.

B. Eles odeiam admitir que estão errados.

C. Eles seguem planos famosos de trade.

D. Assumir uma perda significa desistir da esperança.

Pergunta 9-3

Você compra depois que os indicadores aparecem. Dois dias depois, o mercado desaba, os indicadores se viram contra você e você tem uma perda de papel de US$200. O stop inicial foi de US$300 abaixo do mercado, e o próximo nível de suporte é US$350 abaixo do seu ponto de entrada. O que você faz?

A. Continua no trade, mantendo o stop.

B. Aceita a perda e recua.

C. Duplica a posição para reduzir o preço médio.

D. Baixa o stop para um pouco abaixo do próximo nível de suporte lógico.

Pergunta 9-4

Dois traders decidem gastar seu intervalo lançando uma moeda e apostando um dólar em cada rodada. O trader A leva US$3 para o jogo; o B, US$10. A chance de o trader A vencer no final do intervalo é:

A. 100%.

B. Cerca de 50%.

C. Cerca de 0%.

D. Não há informações suficientes para responder.

Pergunta 9-5

Escolha a ordem de importância das três metas de gestão de dinheiro a seguir.

I. Ganhe altos lucros.
II. Garanta a sobrevivência.
III. Ganhe uma taxa constante de retorno.

A. I, II, III
B. II, III, I
C. III, II, I

Pergunta 9-6

A utilidade de quais das seguintes regras foi comprovada pela experiência?

I. Nunca encontre uma chamada de margem.
II. Nunca desça na média.
III. O primeiro erro é o mais barato.
IV. Se precisar de liquidez, realize sua pior posição.

A. I
B. l e II
C. I, II e III
D. I, II, III e IV

Pergunta 9-7

Quando você se vê contando dinheiro em um trade, deve:

I. Parar — e, se não conseguir, encerrar o trade.
II. Contar o dinheiro para calcular os stops necessários.
III. Contar o dinheiro para calcular as metas de lucro necessárias.
IV. Traçar um gráfico dos lucros em papel.

A. I
B. I e II
C. I, II e III
D. I, II, III e IV

Pergunta 9-8

Seu sistema de trade indica um trade com um potencial de lucro atraente e um stop de US$0,98 por ação abaixo do preço de entrada. Você tem US$28 mil em sua conta. De acordo com a Regra de 2%, quantas ações pode comprar?

A. 300.

B. 400.

C. 500.

D. 600.

Pergunta 9-9

Você compra 300 ações de uma ação em alta e ela rende US$3. Agora você deveria pensar:

I. Para onde mover o stop.

II. Se pretende mover o alvo de lucro.

III. Quantos dólares você lucrou até agora.

IV. Quanto teria lucrado se tivesse comprado 600 ações.

A. I

B. I e II

C. I, II e III

D. I, II, III e IV

Pergunta 9-10

Quais das seguintes afirmações sobre os stops são verdadeiras?

I. Quando operar comprado, não desça o stop.

II. Quando operar vendido, você pode descer o stop.

III. Quando operar comprado, você pode subir o stop.

IV. Quando operar vendido, não suba o stop.

A. I e IV

B. II e III

C. Nenhuma das anteriores

D. Todas as alternativas estão corretas

Pergunta 9-11

Um stop-loss:

I. Limita sua perda em um trade ruim.
II. Reduz seu nível de estresse.
III. Limita o dano de um sistema ruim de trade.
IV. Garante que a perda não exceda um determinado valor.

A. I
B. I e II
C. I, II e III
D. I, II, III e IV

Pergunta 9-12

Quais dos seguintes traders estão em conformidade com a Regra dos 2%?

I. Trader A: US$18 mil na conta, comprou 200 ações a US$20, colocou um stop em US$18.
II. Trader B: US$50 mil na conta, comprou 400 ações a US$20, colocou um stop em US$18.
III. Trader C: US$25 mil na conta, comprou 400 ações a US$20, colocou um stop em US$19.
IV. Trader D: US$60 mil na conta, comprou 1.500 ações a US$20, colocou um stop em US$19.

A. I e II
B. II e III
C. III e IV
D. I, II, III e IV

Pergunta 9-13

Quais *dois erros* desta lista são mais fatais para os traders?

I. Operar com base em rumores e boatos.
II. Operar sem stops.
III. Esquecer-se de monitorar trades abertos.
IV. Entrar em trades cujo tamanho é muito grande para a conta.

A. I e II
B. II e III
C. I e IV
D. II e IV

Pergunta 9-14

O Triângulo de Ferro do controle de risco informa quantas ações você pode comprar ou vender a descoberto, realizando o cálculo:

A. Subtrair a entrada do seu preço-alvo.
B. Dividir o preço-alvo pelo seu stop.
C. Adicionar o stop ao preço-alvo.
D. Dividir o risco total em dólar pelo risco por ação.

Pergunta 9-15

Qual das seguintes afirmações sobre a Regra de 6% está correta?

A. Você não pode arriscar mais do que 6% do patrimônio da conta em um único trade.
B. Se arriscar 2% por trade e tiver três trades perdedores em um mês, reduza o risco nos próximos três trades.
C. Se arriscar 2% por trade e sofrer três perdas seguidas, você não poderá operar pelo restante do mês.
D. As perdas de papel em trades em andamento não contam para o limite da Regra dos 6%.

Pergunta 9-16

Ao calcular o "risco disponível", a Regra dos 6% leva em conta todos os itens a seguir, *exceto*:

A. Seus lucros de papel para o mês.
B. Suas perdas totais para o mês.
C. Suas quantias em risco em trades abertos.
D. O que aconteceria se todos os seus trades abertos se tornassem negativos

Pergunta 9-17

Todas as declarações a seguir se aplicam ao retorno aos trades após uma perda severa, *exceto*:

A. Comece operando pequeno e aumente em etapas após atingir as metas de desempenho.

B. Entre no trade com tudo — lide com seus medos ao encará-los.

C. Torne-se seu próprio gerente de negócios, concentrando-se na gestão de riscos.

D. Reduza a Regra dos 2% para um número menor.

CAPÍTULO 10

Detalhes Práticos

Estava em uma sala em que um analista técnico mundialmente famoso fazia palestras sobre ouro. Ele projetou seus gráficos em uma tela e apontou tendências e possíveis reversões. Um trader na plateia levantou a mão: "Então, na borda direita, você compraria ou venderia?" O grande especialista ponderou na tela e pronunciou: "Bem, tenho certeza de que em 2 ou 3 semanas a resposta será bem clara." O trader olhou para ele sem entender.

No trade, você não tem o luxo de esperar semanas para ter uma resposta. Você precisa decidir agora, hoje, o que fará na borda direita do gráfico: comprar, vender ou ficar de fora. A propósito, ficar de fora é uma escolha legítima. Se decidir fazer o trade, você precisa escolher onde entrar, definir alvos e colocar stops.

Os traders usam uma grande variedade de métodos para realizar essas tarefas. Neste capítulo, revisaremos os métodos descritos em *Como Se Tornar um Operador e Investidor de Sucesso.*

Perguntas	Teste 1	Teste 2	Teste 3	Teste 4	Teste 5
1					
2					
3					
4					
5					
6					
7					
8					
9					
10					
11					
12					
Respostas Corretas					

Pergunta 10-1

O método menos aconselhável de entrar em uma posição comprada é comprar:

A. Um rompimento acima da máxima do dia anterior.

B. Um rompimento acima do canal.

C. Um pullback para a zona de valor.

D. Uma penetração na zona de valor.

Pergunta 10-2

O ouro está em tendência de alta, confirmado por uma MM crescente. A cada semana, há um breve pânico, pois os preços atingem valores abaixo da MM antes de retomar a tendência de alta. Três meses atrás, os preços desceram US$2,50 abaixo da MME, 2 meses, US$1,50, e, no mês passado, US$4. Quão abaixo da MME você colocaria uma ordem de compra?

A. Imediatamente abaixo da MME.

B. US$1 abaixo.

C. US$3 abaixo.

D. US$5 abaixo.

Pergunta 10-3

Ao comprar nas proximidades de uma média móvel crescente, uma meta de lucro razoável seria:

A. A linha do canal superior.

B. A linha do canal inferior.

C. A mesma distância acima da MME de quando a última penetração estava abaixo.

D. Quando a média móvel passar a cair.

Pergunta 10-4

Definir metas de lucro para negócios de longo prazo é mais bem-feito com base em:

A. Médias móveis.

B. Canais.

C. Divergências.

D. Suporte e resistência.

Pergunta 10-5

Qual das seguintes afirmações sobre stops é *incorreta*?

A. Levam a reversões abruptas.

B. Permitem calcular taxas de risco/retorno.

C. Limitam a quantia máxima de perda.

D. Dão uma ideia de uma perda máxima em um trade.

Pergunta 10-6

Qual dos seguintes métodos de colocação de stops ajuda a evitar ser atingido pelo "ruído do mercado"?

I. Stops fora do preço do canal.

II. Stops SafeZone.

III. Stops ATR.

IV. Stops baseados em suporte e resistência.

A. I

B. I e II

C. I, II e III

D. I, II, III e IV

Pergunta 10-7

Quais das seguintes regras se aplicam à colocação de stops?

I. Não colocar stops em níveis óbvios.

II. Não colocar stops em números inteiros.

III. Mover stops para impedir os trades vencedores de fracassar.

IV. Mover stops apenas na direção do trade.

A. I

B. I e II

C. I, II e III

D. I, II, III e IV

Pergunta 10-8

A alta da barra diária é de US$23 e a baixa, de US$21. Você compra em US$21,50. Qual é seu grau de compra?

A. 25%

B. 50%

C. 75%

D. Nenhuma das anteriores

Pergunta 10-9

A alta da barra diária é de US$29 e a baixa, de US$26. Você vende a US$27. Qual é seu grau de venda?

A. 33%

B. 50%

C. 66%

D. 75%

Pergunta 10-10

A tendência, definida pela inclinação da MME, está aumentando. No dia da compra, a linha superior do canal está em US$32,50 e a linha inferior, em US$26,50. Você compra em US$29 e vende vários dias depois em US$31. Qual é seu grau de negociação?

A. 25%

B. 33%

C. 50%

D. 66%

Pergunta 10-11

Qual das seguintes afirmações sobre varredura é *incorreta*?

A. Uma varredura deve cobrir mil ações.

B. Uma varredura encontra ações que se ajustam a um padrão definido por você.

C. Uma varredura bem projetada encontra operações lucrativas.

D. Podem-se escanear setores de ações, bem como ações individuais.

Pergunta 10-12

As regras negativas para a filtragem das ações podem excluir ações com base em todos os critérios a seguir, *exceto*:

A. Sem lucros.

B. Em tendência de baixa.

C. Níveis de volume insuficientes.

D. Muito barato ou muito caro.

CAPÍTULO 11

Manutenção de Registros

Manter bons registros o ajuda a identificar os erros do passado e a parar de repeti-los. Bons registros deixam claro quais etapas lhe trouxeram lucros, para que possa repeti-las daqui para frente.

A boa manutenção de registros une psicologia, análise de mercado e gestão de riscos. É a melhor ferramenta para desenvolver e manter a disciplina.

Para melhorar seu desempenho, você deve aprender com suas experiências, que é o que a boa manutenção de registros lhe permite fazer. É a habilidade mais importante para o crescimento do trader.

Perguntas	Teste 1	Teste 2	Teste 3	Teste 4	Teste 5
1					
2					
3					
4					
5					
6					
7					
8					
9					
Respostas Corretas					

Pergunta 11-1

A boa manutenção de registros o ajuda a conquistar todos os itens a seguir, *exceto*:

A. Maior disciplina.

B. Trading menos impulsivo.

C. Parar de cometer erros.

D. Tornar-se o próprio professor.

Pergunta 11-2

Por que realizar o dever da rotina matinal é especialmente importante?

A. Isso o ajuda a acordar.

B. Isso lhe permite revisar notícias e relatórios relevantes para o trading durante o dia.

C. Isso lhe permite revisar o desempenho de ontem.

D. Isso lhe permite ajustar os stops.

Pergunta 11-3

Qual é o propósito principal de fazer um autoteste psicológico diário antes de o mercado abrir?

I. Avaliar seu humor.

II. Avaliar sua disponibilidade para operar.

III. Ver em quais dias você não deveria operar.

IV. Preparar-se para operar um tamanho maior nos dias com uma pontuação perfeita no seu autoteste psicológico.

A. I e II

B. II e III

C. III e IV

D. I e IV

Pergunta 11-4

Um plano de trading deve incluir todos os itens a seguir, *exceto*:

A. A estratégia que usará.

B. Sua entrada, saída e stop.

C. A quantia de dinheiro que arriscará.

D. A quantia de dinheiro que planeja ganhar.

Pergunta 11-5

Quais declarações sobre o uso do Apgar estão corretas?

I. Quanto mais perguntas você fizer sobre o plano, mais bem preparado ficará para fazer o trading.

II. Mantenha o número de perguntas sobre um plano de trade até cinco.

III. Anote as respostas detalhadas às perguntas e pondere-as cuidadosamente.

IV. Use apenas uma das três respostas: sim, não e mais ou menos.

A. I e III

B. II e IV

C. I e IV

D. II e III

Pergunta 11-6

A conclusão de uma Tradebill antes de entrar em um trade faz com que você se concentre em qual das seguintes opções?

I. Entrada, saída e stop.

II. Relatórios de ganhos e datas ex-proventos.

III. A estratégia a ser operada.

IV. Proporção do risco e da posição.

A. I

B. I e II

C. I, II e III

D. I, II, III e IV

Pergunta 11-7

Após entrar em um trade, o Tradebill deve documentar qual das seguintes opções?

I. O posicionamento dos stops, soft e hard, se você usar ambos.

II. O nível em que moverá o stop para empatar no trade.

III. O fato de ter feito uma entrada no diário do trade.

IV. A quantia de lucro objetivado.

A. I

B. I e II

C. I, II e III

D. I, II, III e IV

Pergunta 11-8

Qual afirmação sobre a revisão de trades fechados está correta?

A. Dê toda a atenção aos trades atuais, não fique no passado.
B. As perdas doem muito no momento em que ocorrem, e não há motivo para revisitá-las.
C. Gaste seu tempo planejando o futuro, sem pensar no passado.
D. Aprenda com os erros do passado, para não os repetir.

Pergunta 11-9

A parte mais educativa de um Trade Journal é:

A. Documentar a estratégia.
B. Adicionar gráficos de entrada e saída.
C. Postar um gráfico de acompanhamento semanas ou meses após um trading.
D. Documentar os níveis de entrada, saída e trade.

PARTE II

Respostas e Comentários

Introdução

Resposta 0-1: C (I e IV)

Analistas fundamentalistas estudam condições econômicas; os analistas técnicos focam o comportamento do mercado. Ambos identificam boas oportunidades de trades.

As dicas são perigosas — normalmente chegam atrasadas; além disso, a dica que lhe diz para comprar não lhe dirá quando vender. Só podem ser usadas se forem executadas dentro do sistema de tomada de decisão. Usar informações privilegiadas é crime na maioria dos países desenvolvidos.

Resposta 0-2: C

Os três pilares do sucesso comercial são a psicologia, um bom método analítico e a boa gestão do dinheiro. Um bom trader com um método analítico sólido é o seu próprio insider.

Resposta 0-3: A

A atitude do ceticismo benigno é a melhor. Pegue ideias emprestadas que parecem fazer sentido e depois teste-as no campo da experiência. Comece a operar em proporções pequenas e aumente-as à medida que ganhar confiança.

Resposta 0-4: D

Slippage e comissões inclinam o "campo de jogo" contra a maioria dos traders; a negociação emocional acaba com eles. O furto é um fator de menor relevância em mercados bem regulados.

Resposta 0-5: D

Quando o vencedor recebe menos do que aquilo que o perdedor perde, a transação é chamada de "jogo de soma negativa". Comissões e slippages fazem do trade um excelente exemplo de tal jogo. Muitos fornecedores de serviços financeiros tentam esconder esse fato.

Resposta 0-6: A

Você paga comissões sobre negociações de ações quando compra e, novamente, quando vende. Comprar 100 ações a R$20 custará R$2 mil. Você pagará uma comissão de R$10 (0,5%) ao comprar e, novamente, quando vender, por um total de R$20, ou 1%. Se fizer essa transação usando conta margem, pagando apenas R$1 mil por suas ações e pegando emprestado o restante, essa comissão será 2% do seu capital — e você ainda terá que pagar juros sobre a dívida realizada na conta margem.

Essa comissão, aparentemente pequena, multiplicada pelo número de negociações que faz em um ano, pode prejudicar sua conta. Esse problema é sério para contas pequenas e, claro, o uso de conta margem torna isso ainda pior. Lição: seja seletivo em relação ao que opera, pese cuidadosamente cada plano de trade.

Resposta 0-7: B

A slippage nessa negociação foi de R$0,08 para cada uma das 100 ações que comprou, gerando um total de R$8. Foi quase tão grande quanto a comissão. Embora a negociação de posições maiores reduza o custo relativo de comissões por ação, não há esse tipo de ganho de escala na slippage — se você tivesse negociado mil ações, seu desvio teria sido de R$80, ou pior. A solução é direta: use ordens limitadas.

Resposta 0-8: C

Você comprou 100 ações a R$20,08 e vendeu a R$20,88, por um lucro bruto de R$0,80 por ação, ou R$80 por 100 ações. A slippage foi de R$0,08 quando comprou e R$0,12 quando vendeu, para um total de R$0,20 por ação, totalizando R$20. A slippage total de R$20 é 25% do seu lucro de R$80 para o negócio.

Quando se trata de stops, ordens limitadas puras não servem. Use as ordens limitadas a mercado "market if touched" — quando chegar a hora de sair, aperte o botão de ejeção. Algumas slippages são inevitáveis, mas o objetivo é mantê-las o mais baixas possível.

Resposta 0-9: B

Você comprou ações a R$20,08 e vendeu a R$20,88, por R$0,80 de lucro por ação, ou um lucro bruto total de R$80. Suas comissões consumiram R$10 na entrada e mais R$10 na saída. Houve também uma slippage de R$8 na entrada e outros R$12 durante a saída. A mordida total chegou a R$40 ou 50% do lucro bruto — e, depois disso, o leão ainda lambe os beiços, esperando para taxá-lo.

Você precisa se concentrar em reduzir as despesas da negociação: peça ao corretor para reduzir a taxa de comissão ou contrate uma corretora mais competitiva; seja seletivo a respeito de seus trades e, sempre que possível, use ordens limitadas em vez de ordens a mercado.

Avalie-se

0–3 corretas: Fraco.

Tenha coragem — as perguntas que você errou raramente são feitas. Muitos no mercado de serviços financeiros tentam esconder os fatos. Leve o tempo que precisar, releia a Introdução de *Como Se Transformar em um Trader e Investidor de Sucesso* e refaça o teste.

4–6 corretas: Razoável.

Você entendeu as ideias básicas. Procure as respostas para as perguntas que errou. Pense nelas e refaça o teste alguns dias depois.

7–9 corretas: Excelente.

Você entende esses conceitos tão negligenciados, mas muito importantes. Você aproveitará os capítulos sobre psicologia e gestão de riscos.

CAPÍTULO 1

Psicologia Individual

Resposta 1-1: D

O trade é inerentemente arriscado porque lidamos com a incerteza do futuro. Se não houvesse risco de perda, não haveria recompensa. Os amadores têm reações emocionais — medo, euforia, raiva. Um trader profissional mede cada risco com antecedência e negocia somente quando as probabilidades estão claramente a seu favor.

Resposta 1-2: A

Você deve se esforçar para atingir seu melhor, tornar-se o melhor trader que puder. Concentrar-se no dinheiro, comprar brinquedos caros ou tentar impressionar outras pessoas desvia a atenção do objetivo principal — alcançar seu melhor desempenho pessoal. Um bom cirurgião não conta dinheiro no centro cirúrgico — nem um trader inteligente enquanto opera.

Resposta 1-3: C

Trate seus erros como oportunidades de aprendizado: encontre as causas de suas perdas e as corrija daqui para frente. Essa é uma tarefa emocionalmente difícil, mas precisa ser feita para vencer. Sem essa análise, sair de um buraco, mesmo com um novo guru, será impossível. Você precisa descobrir exatamente o que o colocou no buraco, em primeiro lugar. Voltaremos a este tópico no capítulo sobre como manter um diário de negociação.

Resposta 1-4: A

Uma conta grande permite diversificar, negociar várias posições e gastar proporcionalmente menos em serviços. Os novatos muitas vezes descartam essas vantagens gastando dinheiro simplesmente porque está em suas contas. Tratamos das regras sobre gestão do tamanho adequado das operações em relação à conta de investimentos no capítulo sobre gestão de dinheiro.

Resposta 1-5: D (III e IV)

Sistemas de negociação e de trade são construídos e otimizados usando dados antigos; eles se autodestroem quando os mercados mudam. Um trader inteligente que desenvolve o próprio sistema pode fazer os ajustes necessários; um trader que compra um sistema afunda com ele. Mesmo os sistemas com otimização incorporada acabam se autodestruindo, porque não sabemos quais tipos de otimização funcionarão no futuro. Seguir os sinais de operação de qualquer sistema requer disciplina e evoca essencialmente as mesmas emoções que as negociações independentes, feitas sem sistema. Não há substituto para o julgamento maduro.

Resposta 1-6: C (I, II e III)

Um dos principais sinais de uma atitude de jogo é a incapacidade de parar de negociar, ficar à margem e refletir sobre o comportamento de alguém. Os traders que apostam tendem a reverter suas posições e ficam deprimidos ou exultantes, dependendo do resultado de seu último negócio. Uma sequência de derrotas é uma experiência comum; quando ela te atingir, pare de negociar até passar um tempo reavaliando seu método. Traders sérios aprendem com suas perdas, enquanto os apostadores continuam com negociações compulsivas.

Resposta 1-7: C

Operamos como vivemos. A disciplina pessoal é essencial para o sucesso. Procure problemas comuns no seu trade e na vida cotidiana. Parece que esse trader tem sérias dificuldades com a responsabilidade. Ele precisa enfrentar e se organizar na vida cotidiana bem como na vida como trader.

Resposta 1-8: D (I e IV)

Para vencer, você não precisa ser mais inteligente ou mais experiente do que os outros traders, mas precisa ser mais disciplinado. Seus sentimentos influenciam os trades, incluindo entradas, saídas e gestão de riscos. Se sua mente está obscurecida pelo medo ou ganância, nenhum sistema o ajudará. Ficar entusiasmado com as negociações leva a apostar, a aceitar probabilidades ruins e as perdas.

Resposta 1-9: C (I e III)

Você pode aumentar a proporção de suas negociações, desde que não arrisque uma porcentagem muito grande de seu patrimônio — voltaremos a isso no capítulo sobre gestão de risco. Tirar férias do mercado pode ser uma boa ideia — reserve um tempo para analisar o que você fez corretamente. Por outro lado, tornar-se desleixado com stops e preguiçoso na análise de mercado são comportamentos típicos de um perdedor que teve alguns lampejos de sorte.

Resposta 1-10: D

Os perdedores são viciados na adrenalina do jogo e esperam conseguir um grande ganho. Mantêm registros ruins, assim como alcoólatras que não contam seus drinks. Mudam de sistemas e métodos de trade a todo momento, assim como os alcoólatras trocam beber no bar para beber em casa.

Resposta 1-11: C

Os perdedores estão presos no prazer imediato do trade e ficam esperando um grande ganho. Culpam outras pessoas por suas perdas e evitam aceitar responsabilidade pessoal.

Resposta 1-12: D

Aceitar a responsabilidade por suas perdas acaba com a fumaça das ilusões e coloca sua negociação em uma posição nova e realista. Um melhor sistema de operação, novos métodos de trade e um mercado em forte alta ajudam, mas a responsabilidade pessoal vem em primeiro lugar.

Resposta 1-13: B (II e III)

Um trader que tenha a coragem de assumir a própria responsabilidade na perda pode reverter a situação; se avançar, é provável que reduza as perdas e evite o overtrading. Sua disciplina o libertará do medo, mas não diminuirá suas taxas de comissões e slippages — para isso, precisa cuidadosamente encontrar uma boa corretora e evitar ordens a mercado.

Resposta 1-14: C

Ser calmo e disciplinado é a base do sucesso nas operações. Anotar seus planos de trade e implementá-los o colocará no caminho para o sucesso — voltaremos a este tópico no capítulo sobre planos comerciais. Um capital maior, amigos bem informados e uma história de sucesso em outros empreendimentos são desejáveis —, mas não se equiparam à importância do planejamento disciplinado. A negociação emocional é inimiga do sucesso. Se a negociação o deixa atordoado ou com medo, esses sentimentos ofuscam seu julgamento. Saia de suas operações quando sentir a influência das emoções.

Resposta 1-15: A

A impulsividade de um trader faz o mercado parecer confuso e ilógico. Outros problemas, como a escassez de boas informações, o capital pequeno ou mesmo os períodos de aleatoriedade do mercado contribuem menos para a confusão do que a negociação emocional.

Resposta 1-16: C

Um trade começa quando você decide entrar no mercado e termina quando decide sair. Essas decisões são como os suportes de todos os trades, e são apenas suas. Você pode usar indicadores técnicos, análises fundamentalistas ou mesmo prestar atenção a conselheiros confiáveis —, mas somente você pode decidir quando uma negociação começa e quando termina.

Avalie-se

0–4 corretas: Fraco.

A luz vermelha está piscando — seu nível de autoconhecimento o coloca em perigo. Você precisa aprender mais sobre a psicologia das operações para ter uma chance de sucesso. Muitos truques psicológicos que nos ajudem na vida cotidiana destroem nossas contas. Muitos sistemas educacionais promovem a dependência e uma mentalidade "siga o mestre". Traders bem-sucedidos são independentes, criativos e realistas. Por favor, releia este capítulo relevante e refaça o teste antes de seguir com o restante deste Guia Prático.

5–8 corretas: Abaixo da média.

Acertar metade das respostas significa que você está na parte inferior da metade e isso não é bom o suficiente para ganhar. Você precisa aprender mais sobre a psicologia individual do trade. Por favor, releia os materiais relevantes e refaça o teste.

9–12 corretas: Bom.

Você pegou a essência dos principais conceitos da psicologia individual, mas precisa preencher lacunas. Estude os materiais recomendados e refaça o teste daqui a alguns dias. Uma boa psicologia e disciplina são essenciais para seu sucesso no mercado.

13–16 corretas: Excelente.

Você dominou os tópicos do capítulo. Por favor, reveja as perguntas nas quais suas respostas diferiram das fornecidas pelo livro e refaça o teste em alguns dias. Traders bem-sucedidos são independentes. Veja se as discrepâncias foram erros ou sua própria maneira de pensar.

Leituras Recomendadas

Douglas, Mark, *The Disciplined Trader* (Nova York: New York Institute of Finance, 1990).

Lefevre, Edwin, *Reminiscences of a Stock Operator* (1923) (Greenville, SC: Traders Press, 1985).

CAPÍTULO 2

Psicologia de Massa

Resposta 2-1: D

Os preços são definidos pelos membros da multidão que colocam ordens para comprar ou vender, ou ficam de fora. Cada tick de preço reflete o mais recente consenso de valor, formado pela execução das ordens ou pelo acúmulo de ordens. Os ticks se aglutinam em padrões determinados — os rastros dos touros e dos ursos nos gráficos. "Curvas de oferta e demanda" estão muito longe dessa realidade suada do mercado. Os preços estão ligados a valores fundamentalistas de longo prazo, mas, no dia a dia, são regidos pela psicologia de massa.

Resposta 2-2: C

Os touros tentam comprar pelo preço mais baixo possível, e, os ursos, vender pelo mais alto. Ambos sabem que precisam se apressar antes que algum trader descompromissado entre em cena e arrebate a barganha. Os profissionais visam identificar o grupo dominante e negociar na direção dele. O objetivo de um bom analista técnico é descobrir o equilíbrio de poder entre os touros e os ursos — para negociar na mesma direção que o grupo vencedor. O perigo da previsão é que nos prende a uma mentalidade específica, em vez de permitir que nos concentremos na realidade vigente do mercado.

Resposta 2-3: C

Ler jornais, assistir à TV e navegar na internet resulta em trades mal planejados e impulsivos. Por que operar, na proporção que for, quando não se tem certeza do que fazer no momento? "Em caso de dúvida, fique de fora" é uma regra sensata.

Resposta 2-4: B

Os lucros que você tenta fazer se originam de uma só fonte — as contas dos outros traders. A contrapartida é que qualquer perda que tiver dará seu dinheiro aos outros traders. Opere de forma defensiva, porque outros traders tentarão atacar seu bolso antes que você possa atacar os deles. Os corretores e as bolsas também levam sua parte, quer você ganhe, perca ou empate.

Resposta 2-5: B (I e III)

Quando nos juntamos à multidão, nossa independência se dissolve, e a capacidade de pensar criticamente pula pela janela. As multidões são impulsivas, o que aumenta a volatilidade. Os membros da multidão seguem cegamente as tendências, e sua dependência psicológica torna improvável que a deixem, até serem abalados por uma perda severa.

Resposta 2-6: D (I, II, III e IV)

Quanto maior é a incerteza, maior é a probabilidade de nos voltarmos para os outros em busca de tranquilidade e conforto. Esse comportamento está profundamente enraizado na natureza humana. Os grupos são unidos por sua lealdade ao líder.

Resposta 2-7: A (I)

As multidões são maiores e mais fortes que qualquer um de nós; não argumente com o mercado. As multidões são fortes, mas primitivas, e você pode explorar seu comportamento repetitivo —, mas somente se conseguir se destacar. As multidões do mercado acertam durante as tendências, mas erram nos pontos de virada. Quando você deixa o mercado fazer com que se sinta feliz ou frustrado, dá a ele o poder de dominá-lo; os traders profissionais treinam-se para não reagir emocionalmente a ganhos nem a perdas.

Resposta 2-8: C

Todos os olhos no mercado estão colados nos preços. Quanto mais durar uma alta, mais as pessoas se tornam otimistas, elevando os preços e atraindo ainda mais touros. Um declínio persistente faz com que mais pessoas se sintam pessimistas, e sua venda ajuda a empurrar o marcador ainda mais para baixo. O preço é o líder da tendência. Poucas instituições financeiras são grandes o suficiente para dominar um mercado por dias ou até horas. Gurus estão para o mercado como uma cauda está para um cachorro, e poucos cães perseguem suas caudas por muito tempo. Mudanças fundamentais na economia estabelecem condições para os mercados de alta e baixa, mas somente os traders podem comprar e vender, criando tendências de preços que se reforçam.

Resposta 2-9: B (II e III)

Os preços são definidos nas batalhas entre touros e ursos. Eles disparam quando os touros estão pagando para ver, enquanto os vendedores exigem um prêmio por participar de um jogo que vai contra eles. Existe um comprador e um vendedor por trás de cada transação. O número de ações ou futuros comprados e vendidos é igual por definição.

Resposta 2-10: D (I, II, III e IV)

Em uma tendência de baixa, os ursos ganham dinheiro, e muitos se tornam dispostos a vender a descoberto por um preço menor para aumentar suas posições. Ao mesmo tempo, os touros perdem, e muitos querem sair. Aqueles que concordam em comprar o fazem somente se houver desconto. Eles colocam seus lances abaixo do mercado, forçando os ursos a vender mais barato. Esse processo é revertido durante tendências de alta.

Resposta 2-11: B (II e III)

Um choque de preços é um movimento repentino contra a tendência. Isso assusta o grupo dominante e torna a oposição mais ousada. Uma queda repentina de preço em uma tendência de alta proporciona um choque de preços que assusta os touros. Mesmo que consigam elevar os preços a um novo patamar, sua confiança é abalada, e a tendência de alta pode estar pronta para ser revertida.

Resposta 2-12: C

Uma divergência de baixa ocorre quando os preços sobem para uma nova alta, enquanto um indicador sobe para um pico mais baixo. Em uma divergência de alta, os preços caem para uma nova mínima, enquanto um indicador cai para uma baixa menor. As divergências de baixa indicam topos de tendência de alta; enquanto as de alta, os fundos de tendência de baixa. Elas estão entre os padrões mais úteis na análise técnica.

Resposta 2-13: B (I e IV)

Um trader deve manter a calma, concentrar-se na realidade do mercado, identificar a tendência vigente e entrar em sintonia com ela. Quando os traders tentam prever exatamente o que o mercado fará, seus egos se tornam apegados às previsões, e fica difícil para eles mudar sua posição no trade. Quando o mercado se recusa a seguir as previsões, os traders que se atêm a elas se dão mal financeiramente.

Avalie-se

0–4 corretas: Fraco.

Você tem uma compreensão muito limitada da psicologia de massa dos mercados. Se não entender como as multidões do mercado influenciam seu comportamento, será arrastado e perderá dinheiro. Releia a seção relevante do livro e refaça o teste dentro de alguns dias antes de prosseguir.

5–9 corretas: Razoável.

Você tem uma compreensão operacional dos conceitos essenciais da psicologia de massa, mas precisa aprender mais sobre o equilíbrio entre os touros e os ursos, o impacto das multidões de traders sobre você e a diferença entre planejar trades e prever preços. Revise a seção relevante do livro e refaça o teste em alguns dias.

10–13 corretas: Excelente.

Você dominou os conceitos essenciais da psicologia de massa. Agora, analise alguns de seus trades recentes à luz desses princípios. Continue monitorando como o mercado o afeta. Ao prosseguir para os capítulos sobre análise de mercado, tenha em mente que a análise técnica é aplicada à psicologia social.

Leitura Recomendada

Mackay, Charles, *Extraordinary Popular Delusions e the Madness of Crowds* (1841) (Nova York: Crown Publishers, 1980).

CAPÍTULO 3

Análise Técnica Clássica

Resposta 3-1: I = C; II = D; III = B; IV = A

Os amadores tendem a obter informações após o trabalho e fazer o trade da manhã. Os profissionais respondem às mudanças de condições ao longo do dia e tendem a dominar o mercado perto do fechamento. A compra eleva os preços, e o preço mais alto do dia marca a potência máxima dos touros. A venda os reduz, e o preço mais baixo do dia marca a potência máxima dos ursos. Esse raciocínio também se aplica aos gráficos semanais e intradiários.

Resposta 3-2: C (I, II e III)

O raciocínio motivado é muito difundido entre os analistas, especialmente entre os que não operam. Não esclarecer as definições básicas contribui para a confusão. É bastante comum que os mercados apresentem ao mesmo tempo tendências de alta e de baixa e diferentes time frames. Bons analistas, que se concentram em diferentes prazos, chegam a conclusões diferentes, e todos fazem trades lucrativos.

Resposta 3-3: C

A slippage tende a ser menor em dias tranquilos e de pouca volatilidade. É quando você consegue uma entrada melhor, mas isso não altera as comissões.

Resposta 3-4: D (A, B, C e D)

A MDT traça um padrão de ralis e quedas. Assim que os preços começam a diminuir a partir do pico mais recente, traçam uma linha horizontal por esse pico, marcando o nível de resistência. À medida que os preços sobem de novo, diminuem a velocidade no nível da resistência. Depois que penetram, recuam — o que era resistência torna-se nível de suporte.

Resposta 3-5: D (I e IV)

As linhas de suporte são traçadas por meio dos mínimos, e as de resistência, das máximas. Mudam de função com o passar do tempo, à medida que o mercado se afasta desses níveis. As bordas das zonas de congestão mostram onde os traders operaram e inverteram as posições. Os preços extremos só mostram o pânico entre os agentes mais fracos do mercado.

Resposta 3-6: D (I, II, III e IV)

Suporte e resistência existem porque os traders têm memória. Quanto mais intensas as memórias, mais ativamente compram e vendem, fortalecendo suporte e resistência. O alto volume reflete um maior grau de comprometimento financeiro e emocional, enquanto a maior altura mostra um nível maior de atividade e memórias mais fortes. Quanto maior a duração de uma zona de congestão e quanto maior o tempo para ser atingida, mais os traders esperam uma nova reversão, reforçando o suporte e a resistência.

Resposta 3-7: C (I, II e III)

Esperar uma nova mínima antes de vender a descoberto denota um rompimento de baixa. Os falsos rompimentos são a ruína dos amadores, mas a glória dos profissionais. Costumam esperar até que um rompimento de baixa pare de fazer novas mínimas então operam: compram e colocam um stop de proteção perto da menor mínima. Como os preços caíram de novo ontem, a venda na abertura significaria seguir a tendência, mas a compra seria uma péssima opção.

Resposta 3-8: A = IV; B = I; C = III; D = II

A linha tracejada inferior, ao longo da borda da zona de congestão, marca o nível de suporte. Quando os preços descem para uma nova mínima durante a barra A, e até um pouco durante a B, a tendência de baixa pode ser retomada. Ainda assim, o menor tamanho dessas barras indica que o declínio enfrenta uma resistência rígida. À medida que a barra C sobe para a zona de congestão, deixa para trás um falso rompimento de baixa. Você pode começar a comprar quando cruzar acima da linha de suporte anteriormente quebrada, com um stop perto das mínimas recentes. Um tamanho pequeno da última barra indica que a subida está se abrandando — estreite o stop e considere deslocá-lo para o nível de equilíbrio.

Resposta 3-9. Tendências = A e C; Intervalos de Operação = B e D

Quando os preços viram tendência, continuam subindo ou descendo com o tempo, atingindo altas maiores e baixas menores. Nas faixas de trading, a maioria dos ralis atinge sempre as mesmas máximas, e os declínios param nas mesmas mínimas. Como trader, ao reconhecer uma tendência, siga-a e segure-se nas posições. Se trocar de posição dentro de um intervalo de trading, tenha cuidado dobrado para não ultrapassar as posições.

Resposta 3-10. I = G; II = A, B e F; III = C e D; IV = E

Os movimentos de qualquer veículo de trading, quando se aproximam de suporte ou resistência, informam sobre sua força ou sua fraqueza. Quando uma ação não alcança a resistência, mostra fraqueza. Manter-se acima do suporte indica força. Os falsos rompimentos fornecem alguns dos melhores sinais da análise técnica.

Resposta 3-11: C (I, II e III)

A tendência é sua amiga. Contanto que veja o padrão de altos mais altos e baixos mais altos, opere esse mercado pelo lado da compra. Certifique-se de proteger as posições com stops e mova-os conforme a tendência progredir. Adicione às suas posições só após proteger os lucros em papel. Se o mercado ultrapassar a mínima anterior, a tendência de alta estará em dúvida.

Resposta 3-12: A não se aplica

As caudas mostram que um nível de preço alto ou baixo foi rejeitado pela massa de participantes do mercado. Como os mercados tendem a se afastar dos níveis de preços rejeitados, vale a pena operar na direção oposta à cauda. Alguns veículos de trade são mais propensos a ter cauda do que outros — você vê três deles nesse gráfico de BA, seguidos por reversões.

Resposta 3-13: D não é permitido

Prestando muita atenção à ação do mercado após uma cauda de canguru, você pode aumentar o tamanho da posição ou obter lucros quando o movimento se estagnar. O que não deve fazer é colocar o stop abaixo da ponta da cauda, porque exporia um trade a um risco muito grande.

Avalie-se

0–4 corretas: Fraco.

Os gráficos contam uma história importante e, se não conseguir lê-los, perderá a mensagem do mercado. Você correrá um sério risco de comprar no topo e vender no fundo. Releia a seção correspondente do livro, analise seus erros e, em seguida, refaça o teste. Não vá para o próximo capítulo antes disso — esses materiais são importantes demais para serignorados.

5–9 corretas: Razoável.

Você tem um conhecimento prático dos principais conceitos de gráficos. Agora, tem que decidir se "razoável" é bom o suficiente para você. Pode ser o bastante se planeja se concentrar na análise técnica computadorizada, mas não para trabalhar com gráficos. Todos os investidores e traders sérios precisam entender conceitos essenciais como tendências e faixas de trading, suporte e resistência, continuidade e reversão. Seria uma boa ideia retornar à seção correspondente, analisá-la e, em seguida, refazer o teste.

10–13 corretas: Excelente.

Você dominou os conceitos essenciais dos gráficos. Eles o ajudam a descobrir as mudanças de poder entre os touros e os ursos. Agora, vá para as seções sobre análise técnica computadorizada.

Leituras Recomendadas

Edwards, Robert D. e John Magee, *Technical Analysis of Stock Trends* (1948). (Nova York: New York Institute of Finance, 1992).

Pring, Martin J., *Technical Analysis Explained*, 5ª edição (Nova York: McGraw-Hill, 2013).

CAPÍTULO 4

Análise Técnica Computadorizada

Resposta 4-1: A = (I)

A análise técnica computadorizada é mais objetiva do que a análise técnica. É discutível se suporte e resistência estão presentes, mas a direção de um indicador é inquestionável — de alta, de baixa ou inalterado. Um bom analista técnico objetiva descobrir o equilíbrio de poder entre os touros e os ursos para apostar no grupo vencedor — não para prever o futuro. Um computador não remove as emoções do trade porque ainda temos que colocar nossas ordens. Qualquer um que tente lhe vender "a solução ideal" é suspeito.

Resposta 4-2: I = B; II = C; III = A

Uma caixa de ferramentas é uma coleção de ferramentas analíticas e de gráficos. As caixas-pretas para trade automático têm excelentes registros históricos, mas se autodestroem quando os mercados mudam; as caixas-cinza são o limbo entre elas.

Resposta 4-3: I = B; II = C: III = A

Vale a pena combinar indicadores de diferentes grupos para que seus pontos negativos se cancelem enquanto seus aspectos positivos permaneçam inalterados. Voltaremos a esse tema no capítulo sobre o sistema de trade de três telas.

Resposta 4-4: B

Para calcular uma média móvel simples, adicione os preços de fechamento em sua janela de tempo e divida a soma pelo número de dias. A soma dos preços dos últimos 5 dias produz 110, e dividir 110 por 5 resulta em 22.

Resposta 4-5: A

As médias móveis exponenciais são mais difíceis de calcular à mão do que as MMs simples. Se usar um computador, ambas são igualmente fáceis.

Resposta 4-6: D

Uma MME em ascensão confirma que os touros estão no controle — é hora de comprar. Quando a MME declina, os ursos estão no controle — é hora de vender. A capacidade de uma MME atingir um novo recorde mostra que os touros estão mais fortes do que antes, enquanto que o declínio para uma nova mínima mostra que os ursos estão mais fortes. Esses são sinais importantes, mas menos frequentes ou relevantes que a direção da inclinação da MME. A largura da janela de tempo da MME é definida pelo trader.

Resposta 4-7: 1 = A & C; 2 = B

Quando a MME aumentar, compre ações — coloque suas ordens de compra um pouco abaixo da MME. Quando reduzir, coloque ordens de venda ligeiramente acima da MME em queda. Você é livre para ficar de fora sempre que quiser.

Resposta 4-8: 1 = D, E, F e G; 2 = A, B e I; 3 = C, H e J

Quando a MME aponta para cima, os pullbacks marcam as oportunidades de compra. Quando aponta para baixo, os preços ficam abaixo dela e sobem para as oportunidades de venda que a MME indica. As zonas de transição entre tendências de alta e de baixa são as mais difíceis de operar. Em caso de dúvida, fique de fora até surgir uma tendência clara.

Resposta 4-9: D (I, II, III e IV)

Cada preço é um consenso momentâneo de valor, enquanto uma média móvel reflete o consenso médio de valor. A MM de curto prazo acompanha o consenso de curto prazo, e a de longo prazo, o consenso de longo prazo. As linhas de MACD consistem em médias móveis, e, quando a linha rápida do MACD está acima ou abaixo da lenta, sabemos se os touros ou os ursos dominam o mercado no momento em questão.

Resposta 4-10: C não é verdade

O Histograma MACD rastreia o spread entre as Linhas de MACD rápidas e lentas. A inclinação é definida pela relação entre as duas últimas barras do Histograma MACD. Quando a inclinação aumenta, os touros estão no controle, e, quando declina, os ursos. Vale a pena operar na direção do grupo de mercado dominante. Isso não é previsão — é leitura do mercado e uma aposta em que a inércia da multidão continuará.

Resposta 4-11: 1 = D; 2 = A; 3 = B e E; 4 = F; 5 = C

Quando o Histograma MACD atinge uma nova máxima, os touros estão fortes e os preços retestarão ou excederão o último pico. Quando cai para uma nova mínima, os ursos estão fortes e os preços retestarão ou excederão a mínima mais recente. Depois, quando o Histograma MACD cruza a linha zero, sinaliza que o grupo dominante perdeu poder.

A divergência de alta é um forte sinal de compra; ocorre quando os preços caem a uma nova mínima, mas o MACD traça um fundo menor. A de baixa dá um forte sinal de venda; ocorre quando os preços atingem uma nova máxima, mas o MACD traça uma alta menor.

Resposta 4-12: C

A divergência de baixa baixou os preços, mas eles se recusaram a cair abaixo da MME. Ao mesmo tempo, o Histograma MACD caiu abaixo de zero, mostrando que os ursos estão se aproximando do nível máximo de esforço. Com os ursos entregando o máximo de energia possível e mantendo os preços, é melhor realizar lucros e ficar de fora.

Resposta 4-13: C

A parte da barra de hoje que se projeta acima ou abaixo da de ontem representa o movimento direcional de hoje. Se a barra de hoje se estender acima e abaixo da de ontem, somente a parte maior representará o movimento direcional. Se estiver dentro da barra de ontem, ou se ela se estender acima e abaixo por quantidades iguais, o movimento direcional será zero.

Resposta 4-14: I = B; II = A, C e E; III = D

Opere no sentido da linha direcional superior enquanto ADX estiver acima da linha direcional inferior. Saia quando ADX se elevar acima de ambas e, depois, descer. Outro sinal de saída ocorre quando ADX afunda abaixo de ambas as linhas direcionais. Enquanto ADX permanecer abaixo de +DI e –DI, evite usar métodos de acompanhamento de tendências.

Resposta 4-15: C

Quando ADX se eleva acima das linhas direcionais e desce, sinaliza o fim de um movimento fortemente direcional e sugere o início de uma maior volatilidade. Você ainda pode operar esse mercado, mas só com indicadores de curto prazo, em vez do sistema Direcional.

Resposta 4-16: B

Os osciladores mostram se os touros ou os ursos estão no controle. Seus picos e fundos marcam os extremos do otimismo e do pessimismo das massas. Osciladores indicando sobrecompra mostram os topos de mercado, e sobrevenda, os fundos. Esses sinais funcionam bem em intervalos de trade, mas são menos úteis durante as tendências. Nenhum indicador capta todos os topos e fundos.

Resposta 4-17: D

Quando um oscilador atinge um novo recorde, reflete a força e informa aos traders que a recuperação continuará, mesmo se houver uma pausa temporária. Você pode adicionar posições compradas ou realizar lucros parciais, mas é melhor ignorar os sinais de venda, porque, nessas condições, os preços não caem de forma significativa.

Resposta 4-18: 1 = A, C e I; 2 = B, E e F; 3 = E e F; 4 = C e D e I e J; 5 = D, G, H e J

O Estocástico fica sobrecomprado quando se eleva até ou acima da linha de referência superior, onde dá um sinal para vender ou, pelo menos, evitar comprar. O Estocástico fica sobrevendido quando cai até ou abaixo da linha de referência inferior, onde dá um sinal para comprar ou, pelo menos, evitar a venda.

Uma oscilação de falha ocorre quando o Estocástico não alcança a linha de referência em uma mudança de mercado. Quando isso aconteceu na subida G, os touros estavam fracos e deram um sinal de venda. As oscilações de falha D e J tornaram-se partes das divergências de baixa. Na divergência de alta E-F, a segunda parte inferior era mais rasa do que a primeira, mas não uma oscilação de falha, porque estava abaixo da linha de referência mais baixa.

Resposta 4-19: C

O Estocástico está perto do ponto médio neutro, mas cai de um poderoso padrão de baixa. Acabou de traçar uma oscilação de falha e uma divergência de baixa. Além disso, a cauda de canguru aponta para cima no gráfico de preços, reforçando a mensagem de baixa do Estocástico.

Resposta 4-20: 1 = A, B e F; 2 = D; 3 = D e E; 4 = B e C

O RSI fica sobrecomprado quando se eleva acima da linha de referência superior, onde dá sinais de venda, que ajudam os traders a venderem em baixa nas tendências de baixa ou em mercados flat, mas são prematuros nas tendências de alta. O RSI fica sobrevendido quando cai abaixo da linha de referência inferior, onde dá sinais de compra, que ajudam os traders a comprarem em tendências de alta ou em mercados flat, mas são prematuros nas tendências de baixa. As divergências de alta e baixa dão os melhores sinais de compra e venda. Todas as desse gráfico precederam movimentos substanciais do mercado.

Resposta 4-21: B

O RSI acaba de traçar uma clara divergência de baixa, com o primeiro topo acima e o segundo abaixo da linha de referência superior. A mensagem de baixa é reforçada pelo ligeiro declínio nos preços dos últimos dias, cujo TIF não atingiu o top de meses antes. Há um falso rompimento de alta em vigor, o que, reforçado pela divergência do RSI, dá um sinal para vender a descoberto.

Resposta 4-22: A (I e II)

Quando a tendência do mercado está baixa e um oscilador se eleva acima da linha de referência superior, há um respingo de alta de curto prazo — uma oportunidade de venda a descoberto. Depois disso, cubra esses shorts quando um oscilador cair abaixo da linha de referência inferior, ou mantenha as vendas. Em qualquer caso, não use os osciladores para percorrer longos períodos em uma tendência de baixa bem estabelecida. Como o notável gerente financeiro Peter lynch escreveu: "Tentar pegar um fundo é tentar pegar uma faca que cai — você invariavelmente vai segurar no lugar errado."

Avalie-se

0–8 corretas: Fraco.

Você tem uma compreensão muito limitada da análise técnica moderna. Deve a si mesmo aprender os conceitos essenciais do uso de indicadores. Releia o capítulo relevante e refaça o teste antes de prosseguir no restante deste livro.

9–15 corretas: Razoável.

É importante entender as mensagens dos indicadores e osciladores de acompanhamento de tendências. Eles mostram o equilíbrio de poder entre touros e ursos. Você tem uma compreensão boa dos conceitos essenciais da análise técnica computadorizada. Agora, analise suas respostas para descobrir pontos fortes e fracos. Você está mais confortável com os indicadores ou osciladores de acompanhamento de tendências? Você é melhor em encontrar sinais que identificam tendências ou reversões? Reveja a literatura recomendada e refaça esse teste vários dias depois. Pense no que revelam sobre suas preferências. Os traders mais bem-sucedidos concentram-se em poucos tipos de trade. Alguns preferem seguir tendências, enquanto outros são melhores em detectar reversões. Trader, conhece-te a ti mesmo.

16–22 corretas: Excelente.

Você tem um bom domínio da análise técnica computadorizada. Esses indicadores são a base de vários sistemas comprovados (veja o Capítulo 7). Antes de trabalharmos em um sistema, vamos revisar outros tipos de indicadores disponíveis para analistas de mercado (Capítulos 5 e 6).

Leitura Recomendada

Murphy, John J., *Technical Analysis of the Financial Markets* (Nova York: New York Institute of Finance, 1999).

CAPÍTULO 5

Volume e Tempo

Resposta 5-1: A

Todo trade é um compromisso financeiro e emocional de um trader que compra e de um que vende. Assim, o volume é a medida da atividade de vencedores e perdedores, e cresce quando os perdedores entram em pânico. Ele retrata a atividade atual, mas não prevê o futuro.

Resposta 5-2: 1 = B; 2 = A; 3 = C; 4 = D

As tendências persistem quando o volume é estável ou aumenta de maneira ordenada. Elas expiram com um estrondo ou suspiro — uma explosão de volume ou encolhimento drástico. A tendência não continua depois que as massas de perdedores começam a sair.

Resposta 5-3: 1 = D; 2 = A e B; 3 = C e F; 4 = E e G

O volume crescente ou estável confirma tendências. Quando os preços atingem uma nova máxima ou mínima, enquanto o volume encolhe, a tendência de preço se reverte ou pausa.

Resposta 5-4: B

Há um rali poderoso, com um padrão estável de máximas e mínimas. O CPST declina lentamente da última alta, enquanto o volume se encolhe. Espere que algumas barras não alcancem a nova mínima nesse movimento menor de queda — e depois compre.

Resposta 5-5: C (I, II e III)

O OBV é criado adicionando-se o volume de cada dia a um total em andamento quando um veículo aumenta e subtraindo esse valor nos dias em que cai. O OBV confirma movimentos de alta quando se eleva a um ponto mais alto do que o pico anterior e de baixa quando cai para um valor mais baixo do que o fundo anterior. Os preços representam o consenso do valor, enquanto o volume, medido pelo OBV, rastreia as emoções dos traders.

Resposta 5-6: 1 = D; 2 = C; 3 = B; 4 = A

Os preços de abertura e de fechamento são os principais do dia. As aberturas são dominadas por amadores, cujas ordens inundam os mercados nas manhãs. Os fechamentos são dominados por profissionais que monitoram as condições durante todo o dia. Acumulação/Distribuição vincula o volume diário à relação entre os preços de abertura e de fechamento.

Resposta 5-7: B

O número de posições compradas e vendidas no mercado de derivativos é sempre igual. Enquanto as ações representam a propriedade vigente, os derivativos são contratos para entrega futura. Cada contrato tem dois lados: um vendedor e um comprador, por isso o interesse aberto reflete o número de contratos mantidos por touros ou devidos por ursos em qualquer mercado em dado dia. É o total de posições compradas ou vendidas.

Resposta 5-8: 1 = B; 2 = C; 3 = C; 4 = A

O interesse aberto só aumenta quando um novo comprador e um novo vendedor entram no mercado porque o negócio cria um novo contrato. Ele cai quando um touro que é comprado vende seu contrato para um urso que o compra para cobrir sua venda a descoberto, e ambos fecham suas posições. Se um novo touro compra de um touro velho que está saindo, o interesse aberto permanece inalterado. Nem muda quando um urso novo vende a um urso velho que compra para sair da posição vendida.

Resposta 5-9: D (1, 2, 3 e 4)

Quando o interesse aberto sobe, uma multidão de touros confiantes enfrenta uma multidão de ursos igualmente confiantes. Um grupo perderá, mas, enquanto os possíveis perdedores continuarem, a tendência se manterá.

Resposta 5-10: C (1, 2 e 3)

A direção do movimento mostra se a força dominante estava em alta ou em baixa. A distância entre os preços de fechamento de hoje e de ontem é a margem de vitória de touros ou ursos. É mais provável que ralis e quedas de alto volume, que são mais fortes, persistam. Embora os mercados relacionados sejam importantes, não refletem a força dos movimentos em outros lugares.

Resposta 5-11: D

O Índice de Força liga três fatores essenciais: a direção da mudança de preço, sua extensão e o volume em que ocorreu. Para calcular o Índice de Força diário, subtraia o preço de fechamento de ontem de hoje e multiplique o resultado, positivo ou negativo, pelo volume de hoje.

Resposta 5-12: D (I, II, III e IV)

A suavização do Índice de Força bruto com uma média móvel indica a tendência — de curto prazo usando uma MME curta ou uma tendência intermediária com uma MME mais longa. Quando a MME de 2 dias do Índice de Força cai abaixo de zero nas subidas, identifica as oportunidades de compra e, quando sobe acima de zero nas quedas, marca oportunidades de curto prazo. A MME de 13 dias do Índice de Força indica as zonas de alta e baixa por sua posição acima ou abaixo da linha zero. As divergências entre o Índice de Força e o preço marcam reversões de tendências que se aproximam.

Resposta 5-13: 1 = G e H; 2 = F; 3 = A, B e C e D; 4 = E

Na metade esquerda do gráfico, os preços estão em tendência de baixa, confirmada por uma queda na MME. Sempre que a MME de 2 dias do Índice de Força aumenta acima de zero, mostra uma breve recuperação dos touros — uma oportunidade de venda. Na área E, os preços caem para uma nova baixa, mas recuam, deixando para trás um falso rompimento de baixa, enquanto o Índice de Força traça uma divergência de alta, com uma baixa muito mais baixa. Esse é um bom momento para cobrir as vendas. Na área F, a MME dos preços aparece — sinaliza para parar de comprar e procurar oportunidades de compra. Depois, o índice de força cai abaixo de zero nas áreas G e H, dando sinais de compra.

Resposta 5-14: B

Na borda direita da tela, uma média móvel de preço está em tendência de alta. O Índice de Força de 2 dias caiu abaixo de zero, sinalizando que a ação está sobrevendida a curto prazo e dando um sinal de compra. Há duas maneiras de agir com base nesse sinal. Coloque uma ordem de compra no alto da barra atual, com o objetivo de pegar um rompimento de alta. Ou meça a extensão de uma penetração média de baixa da MME e coloque sua ordem de compra a uma distância similar abaixo da MME atual.

Resposta 5-15: 1 = C; 2 = A e D; 3 = B

O Índice de Força de prazo mais longo, suavizado com uma MME de 13 barras, ajuda a identificar inversões de tendência: alta quando cruza acima da linha zero e baixa quando cruza abaixo. Também é possível traçar linhas horizontais de alta e de baixa ligeiramente acima e abaixo da linha zero. Esperar seus crossovers, em vez daqueles da linha zero, reduz a reversão abrupta —, mas também diminui os bons sinais. O que você ganha em um trade, perde em outro. Um pico mais baixo do Índice de Força na área B mostra que a força de alta está se enfraquecendo e o prepara para uma reversão de tendências.

Resposta 5-16: B

O Índice de Força é positivo — otimista —, enquanto a tendência é de alta, confirmada por uma crescente MME. Essa combinação sugere compra, usando declínios para a MME de compra.

Resposta 5-17: C (1, 2 e 3)

Os ciclos de preços devem sua existência a fatores fundamentais de produção, como mudanças climáticas e sazonais na oferta e na demanda, bem como a ondas de ganância e de medo entre os traders.

Resposta 5-18: 1 = D; 2 = A e E; 3 = B e F; 4 = C e G

A estação de um indicador é definida pela inclinação e posição acima ou abaixo da linha central. Quando um indicador aparece, mas está abaixo da linha central, é primavera; quando se eleva acima da linha central, é verão; quando cai, mas está acima da linha central, é outono; e quando cai abaixo da linha central, inverno. A primavera é a melhor estação para comprar, e o outono, para vender a descoberto. As estações não são rígidas — nem na natureza nem nos mercados. Observe um breve período de calor no inverno na área entre as letras B e C.

Resposta 5-19: A

Cada time frame se relaciona aos próximos time frames, maiores ou menores, por um fator de 5. Ao analisar um mercado em dois períodos, o menor deve ser cerca de 5 vezes menor que o mais longo. Se o período escolhido é diário, primeiro examine os gráficos semanais.

Avalie-se

0–7 corretas: Fraco.

Você precisa aprender mais sobre volume e tempo. Esses aspectos essenciais da análise de mercado lhe darão uma vantagem sobre a maioria dos traders. Releia o capítulo relevante e refaça o teste antes de prosseguir para o restante deste livro.

8–14 corretas: Razoável.

Você tem uma compreensão operacional dos conceitos essenciais de volume e tempo, que a maioria dos operadores negligencia. Analise suas respostas para ver se sua pontuação foi prejudicada por uma falta de conhecimento em uma determinada área, como tempo, volume ou interesse aberto. Revise os capítulos apropriados e refaça o teste alguns dias depois.

15–19 corretas: Excelente.

Você entende os conceitos que a maioria dos traders ignora. Tempo, volume e interesse aberto conferem uma dimensão extra de análise e aprofundam sua compreensão da dinâmica do mercado.

Leitura Recomendada

Belveal, L. Dee. *Charting Commodity Market Price Behavior* (1969) (Homewood, Il: Bu- siness One Irwin, 1985).

CAPÍTULO 6

Indicadores Gerais de Mercado

Resposta 6-1: C (1, 2, 3 e 4)

As novas máximas são as ações que subiram para o nível mais alto em um ano, enquanto as novas mínimas são as ações que caíram para o nível mais baixo em um ano em qualquer dia. As novas máximas são líderes em força e as mínimas, em fraqueza. O NH-NL funciona medindo a diferença entre as ações mais fortes e as mais fracas em qualquer dia. É um indicador importante do mercado de ações.

Resposta 6-2: 1 = D; 2 = C; 3 = A; 4 = B

Quando o mercado sobe, e o NH-NL sobe para uma nova alta, há uma crescente liderança de alta. Vale a pena seguir os líderes e comprar. Quando o mercado declina, e o NH-NL cai para uma nova mínima, a liderança pessimista está mais forte. Essa divergência de baixa indica que vale a pena vender. Se o mercado amplo subir, mas o NH-NL traçar um pico mais baixo, a tendência de alta está perdendo seus líderes e pode estar com problemas. Se o mercado cair para uma nova máxima, mas o NH-NL traçar um fundo mais alto, a tendência de baixa está perdendo seus líderes e se aproximando de um fundo.

Resposta 6-3: 1 = A e D; 2 = B e F; 3 = G–H; 4 = D–E

O NH-NL rastreia os números dos líderes de mercado, sendo o principal indicador do mercado de ações. Sua zona de alta está acima da linha zero ou, se quiser evitar reversões abruptas, acima do nível de mais 100. A zona de baixa está abaixo da linha zero ou, para torná-la menos propensa a reversões abruptas, abaixo do nível de menos de 100.

As divergências mostram que a liderança da tendência atual está fraca. Tanto o S&P 500 quanto o NH-NL subiram para novas máximas em D, mas em E só o S&P alcançou um novo recorde — a divergência de baixa do NH-NL sinalizou venda. Tanto o S&P 500 quanto o NH-NL caíram para novas mínimas em G, mas em H só o S&P caiu para uma mais baixa; o NH-NL atingiu a alta, e sua divergência de alta gerou um sinal de compra.

Resposta 6-4: B

A MME está subindo, e o índice NH-NL é positivo, mostrando que os touros estão no comando. O NH-NL acaba de subir para uma nova máxima para o movimento atual, mostrando que a liderança otimista está mais forte. Os preços já estão acima do valor, mas ainda perto o suficiente para fazer uma escolha realista.

Resposta 6-5: C (I, II e III)

A linha A/D mede a participação da massa em ralis e quedas. É provável que uma subida persista quando a linha A/D subir para uma nova máxima, enquanto um declínio continuará quando a linha A/D cair para uma nova mínima. Os traders precisam monitorar o padrão de picos e vales A/D porque seu nível absoluto depende da data de início. A linha A/D rastreia apenas alterações de preço, não de volume.

Resposta 6-6: B (I e III)

As tendências de alta atraem os traders, e os recém-chegados mal capitalizados chegam ao mercado em massa perto dos picos. Muitos dobram no pior momento possível. Como Humphrey Neill falou: "Quando todos pensam igual, todos estão errados." Quando o consenso de alta atinge um pico recorde, um profissional lucra em posições compradas e procura oportunidades de venda a descoberto. Ele sabe que o consenso de alta recorde significa que os touros já estão carregados com ações e não podem comprar mais para sustentar a tendência.

Resposta 6-7: A

Com a estrutura do mercado de derivativos, incluindo futuros, o número de contratos de compra e venda é igual. Se 75% dos participantes estão otimistas, há três vezes mais touros do que ursos. Nesse caso, um urso médio vende três vezes mais contratos do que um touro médio compra. Isso mostra que o big money está no lado pessimista. O big money não é grande por ser estúpido; vale a pena apostar na minoria rica. Quando o consenso de alta sobe para 75%, venda e procure oportunidades de shorting.

Resposta 6-8: D

O número de contratos de compra e venda é sempre igual nos mercados futuros. Se a maioria dos participantes for de ursos, a minoria de touros deve manter mais contratos por trader. Um consenso de alta de 20% significa que há quatro ursos para cada touro — um touro médio detém quatro vezes mais contratos do que um urso médio vende. Com o big money no lado de compra do mercado, esteja preparado para uma alta acentuada.

Resposta 6-9: B

Um mercado em alta que chamou a atenção do público em geral provavelmente é muito antigo e se prepara para reverter. Os mercados são muito voláteis no topo; montar uma posição de venda escalonada pode ser a estratégia mais segura. Tentar comprar café agora significa apostar em uma teoria de quem perde mais. Outros mercados devem ser operados nos próprios termos.

Resposta 6-10: 1 = C; 2 = A; 3 = D; 4 = B

As posições dos traders são reportadas ao governo depois que seus tamanhos atingem certo nível. Esses níveis diferem de mercado para mercado. Os limites de posição indicam o número máximo de contratos que um especulador tem permissão para manter em qualquer mercado. Os hedgers estão isentos dos limites de posição. Muitos traders ficam chocados ao saber que operar com muitos tipos de informação privilegiada é perfeitamente legal nos mercados futuros.

Resposta 6-11: 1 = D; 2 = A; 3 = B; 4 = C

Os traders operam commodities no curso normal de seus negócios e usam futuros para proteger os riscos de ação. Grandes especuladores são aqueles cujas posições atingem ou excedem os níveis de relatórios. Se subtrair as participações desses dois grupos de interesse aberto, descobrirá quantos contratos são mantidos por pequenos traders que frequentemente acabam no lado errado das tendências do mercado. Insiders corporativos são funcionários de empresas de capital aberto e detentores de 5% ou mais de ações da empresa.

Resposta 6-12: D

A compra por insiders é um forte sinal de alta, mas você precisa de uma confirmação otimista do movimento do preço. Aos 11 meses, o mercado de urso é velho. Ninguém vai tocar um sino para anunciar o início de um mercado de touro. Como investidor, é hora de começar a acumular lentamente a ação escolhida.

Avalie-se

0–4 corretas: Fraco.

Se não opera ações, você pode pular o NH-NL, mas se planeja operar ações ou futuros, ou opções de índices de ações, aprenda a usar o melhor indicador líder do mercado de ações. Indicadores de psicologia de massa fornecem boas noções sobre as forças que movem os mercados, e é importante entender como funcionam.

5–8 corretas: Razoável.

Você tem uma boa compreensão dos indicadores que medem o comportamento do mercado de massa. Isso pode ser suficiente se quiser apenas uma compreensão geral do conceito. Se planeja usá-los no trade, releia o capítulo correspondente, procure as respostas para as perguntas que errou e refaça o teste alguns dias depois.

9–12 corretas: Excelente.

Você entende os indicadores essenciais do mercado de ações. Eles o ajudam a reconhecer quando o mercado está em uma área superior ou inferior. Munido desse conhecimento, você pode usar indicadores computadorizados (veja o Capítulo 4) para ajustar suas entradas e saídas.

Leituras Recomendadas

Elder, Alexander e Kerry Lovvorn. *The New High–New Low Index* (Alabama: SpikeTrade, 2012).

Neill, Humphrey B., *The Art of Contrary Thinking* (1954) (Caldwell, ID: *Caxton* Printers, 1985).

CAPÍTULO 7

Sistemas de Trade

Resposta 7-1: C (I, II, III e IV)

As tendências apontam em direções diferentes ao mesmo tempo em diferentes time frames: alta no gráfico diário e baixa no semanal. Um indicador de seguimento de tendência pode sinalizar compra, enquanto um oscilador, venda. O sistema de Três Telas foi projetado para gerir esses sinais contraditórios.

Resposta 7-2: B

O sistema de Três Telas identifica a tendência em um gráfico de ordem de magnitude maior do que aquela em que você planeja operar. Encontre a tendência no gráfico semanal e, em seguida, procure pontos de entrada nessa direção nos diários. Se analisar o gráfico diário e só verificar o semanal depois, seus olhos serão prejudicados pelo que viu primeiro. Um gráfico mensal está muito longe do diário — os períodos de dois gráficos devem se relacionar por um fator de 5. Uma barra semanal contém os dados de 5 barras diárias.

Resposta 7-3: C

Manter bons registros é essencial para testar um sistema. Comece no início do arquivo de dados e avance um dia de cada vez, registrando cada sinal e ações planejadas. Os sinais de observação emergem e gradualmente entregam lucros e perdas de papel, é o mais próximo que você pode chegar ao trade real sem arriscar dinheiro. Se gostar do que vê e começar a operar esse sistema em sua conta, mantenha posições pequenas. Concentre-se em aprender como o sistema funciona no mundo real antes de aumentar o tamanho da posição. Como você não sabe exatamente como os outros usam esse sistema, o feedback deles não é tão significativo quanto seus próprios resultados.

Resposta 7-4: B

A entrada, o alvo e o stop são os três números essenciais para cada trade — anote-os antes de entrar. Eles fornecem a estrutura para cada trade, permitindo comparar riscos e retornos e decidir sua proporção. Um trade sem esses números não é um trade, mas uma aposta. Contar lucros de um trade aberto só o distrai de geri-lo.

Resposta 7-5: B

Um trader direcional tem três opções: comprar, vender ou ficar de fora. A primeira tela do de Três Telas atua como um censor que proíbe uma dessas escolhas. Você pode procurar trades apenas na direção do time frame de longo prazo ou ficar de fora.

Resposta 7-6: C

Quando a primeira tela do sistema de Três Telas se destacar, use quedas de um oscilador de curto prazo para encontrar oportunidades de compra. Quando a primeira tela apontar para baixo, use altas de um oscilador de curto prazo para identificar essas oportunidades. Essa regra ajuda a evitar ficar perseguindo tendências de alta e de baixa. No exemplo, o oscilador de curto prazo está sobrecomprado; espere que diminua antes de comprar.

Resposta 7-7: B

Quando a tendência semanal está em alta, mas a diária está em baixa, o sistema de Três Telas aponta para uma oportunidade de compra. Uma das opções é colocar um stop de compra acima da máxima do último dia para pegar um rompimento de alta de curto prazo.

Resposta 7-8: C

A tendência de alta da Bed, Bath & Beyond Inc. (BBBY) no gráfico semanal é confirmada pelo aumento da MME, bem como pela tendência de alta do Histograma MACD. A tendência de alta semanal leva a uma decisão estratégica de procurar apenas oportunidades de compra no gráfico diário. Lá vemos um recuo para a MME, enquanto o Índice de Força abaixo de zero indica uma condição de sobrevenda. De acordo com as Três Telas, as retenções nos gráficos diários durante as tendências de alta semanais sinalizam oportunidades de compra. Coloque uma ordem de compra acima da última alta diária. O fato de as tendências semanais e diárias estarem em conflito é normal nos mercados — o objetivo das Três Telas é dirimir tais conflitos da melhor forma para você.

Resposta 7-9: 1 = C; 2 = A; 3 = B; 4 = C

Quando a tendência semanal estiver em alta e a diária cair, use essas quedas para aproveitar as oportunidades de compra. Quando a tendência semanal está em baixa, e a diária está em alta, use esses ralis para entrar em vendas a descoberto. Tentar entrar em um trade enquanto as tendências semanais e diárias se movem na mesma direção é como pular em um trem em movimento. Isso pode ser feito, mas é mais seguro esperar um recuo.

Resposta 7-10: A

A inclinação da MME rápida rastreia a inércia do mercado, enquanto a do MACD reflete a direção de seu poder. O principal papel do Impulse não é dizer aos traders quando comprar ou vender. Pelo contrário, mostra quando são proibidos de comprar ou vender. É um sistema de censura e, quando o Impulse é vermelho, proíbe a compra. A proibição é removida quando a cor muda do vermelho de baixa para um azul neutro ou um verde de alta.

Resposta 7-11: 1 = A; 2 = C; 3 = B; 4 = C

A cor do sistema Impulse depende de dois componentes — uma MME e um Histograma MACD. Quando ambos estão subindo, o Impulse fica verde — otimista, proibindo trades com vendas a descoberto. Quando ambos declinam, o Impulse fica vermelho — tendência de baixa, proibindo a compra. Quando esses dois componentes se contradizem, o Impulse fica azul — neutro.

Resposta 7-12: 1 = E e H; 2 = A e C; 3 = B, D, F, G e I

O sistema Impulse é um sistema de censura. Quando a MME e o Histograma MACD diminuem, colorindo a barra vermelha, ele proíbe a compra. Quando ambos os indicadores aparecem, colorindo a barra verde, não é permitido vender.

O sistema Impulse não deve ser usado como método automático de trade: embora capte todas as tendências, sujeitaria um trader automático a várias reversões abruptas, por exemplo, na área entre as letras C e G. Seus melhores sinais surgem quando vermelho ou as cores verdes desaparecem. Por exemplo, o desaparecimento do vermelho na barra G mostrou que o fundo duplo estava sendo concluído e sugeria compra. O desaparecimento do verde na barra sinalizou o fim próximo de uma ascensão poderosa e sugeria obter lucros.

Resposta 7-13: A

Na borda direita do gráfico, a MME e o MACD sobem — o Impulse deixaria essa barra verde. Se os dois indicadores estivessem declinando, a barra estaria vermelha; se apontassem em direções opostas, a barra seria azul. É importante ter isso em mente se deseja encontrar a cor Impulse na borda direita de um gráfico usando um software que não permita colorir as barras.

Resposta 7-14: C

Não há mistério na construção de um canal. Ajuste a largura até conter a maior parte dos preços, deixando de fora só as mínimas e máximas extremas das últimas 50 a 100 barras. Os preços que saem de um canal bem traçado identificam zonas de otimismo ou pessimismo insustentáveis, onde é provável haver reversão. Saiba que, em raras ocasiões, o mercado pode ficar fora do canal por mais tempo, mas essa é uma exceção que confirma a regra.

Resposta 7-15: 1 = C; 2 = A; 3 = D; 4 = B

Uma média móvel reflete o consenso médio de valor. Um canal rastreia os limites entre a ação de preço normal e anormal. O mercado está subvalorizado quando cai abaixo da linha de canal inferior e sobrevalorizado quando se eleva acima da linha de canal superior.

O coeficiente de canal precisa ser ajustado até que um canal contenha de 90% a 95% do preço das últimas 50 a 100 barras.

Resposta 7-16: A

A inclinação de um canal dá informações importantes. Quando sobe, o mercado está altista. Quando cai, baixista. Quando fica estável, inalterado. Um rompimento na inclinação do canal indica uma tendência poderosa; um retorno à média móvel quase sempre é uma boa oportunidade de operar na direção da tendência. Os swings em um canal inalterado também são boas oportunidades de trade. Comprar e vender na média móvel nem sempre é uma boa ideia. Ela tende a funcionar quando um canal se inclina, mas não quando fica estável.

Avalie-se

0–6 corretas: Fraco.

Não entender os sistemas de trade é perigoso — operar sem um sistema é como navegar sem leme. Reserve os próximos dias para reler a seção correspondente do livro e refazer o teste antes de prosseguir.

7–11 corretas: Razoável.

Você tem uma compreensão dos conceitos essenciais dos sistemas de trade. Esse nível de conhecimento pode ser suficiente em outras situações, mas não para lidar com os sistemas. Você deve conhecê-los de dentro para fora — eles o ajudam a sobreviver e a prosperar nos mercados. Reveja suas respostas e procure seus pontos fracos. Em seguida, releia a seção correspondente e refaça este teste.

12–16 corretas: Excelente.

Você dominou o básico dos sistemas de trade. Analise as perguntas nas quais suas respostas diferiram das apresentadas no livro. Veja se as discrepâncias foram devidas a erros ou a seu estilo de trade. Os traders bem-sucedidos são criativos e podem ter diferenças de opinião. Em seguida, prossiga para o próximo tópico altamente importante: selecionar os mercados nos quais fazer o trading.

Leitura Recomendada

Kaufman, Perry, *Trading Systems and Methods* (Hoboken, NJ: John Wiley & Sons, 2013).

CAPÍTULO 8

Veículos de Trade

Resposta 8-1: C

Os veículos de trade de alta liquidez reduzem a slippage. Instrumentos rápidos e voláteis dão mais oportunidades. Vale a pena focar os mercados cujas principais horas de trade ficam próximas do seu fuso horário, para que você esteja acordado quando o movimento ocorrer. A popularidade não é crucial: algumas das melhores oportunidades ocorrem nos mercados impopulares, mas que são bons para o trade, desde que tenham boa liquidez e volatilidade.

Resposta 8-2: D

Os títulos/debêntures/bonds representam empréstimos, enquanto as ações, a propriedade da empresa. Você teria que comprar um grande número para se tornar insider. Nos EUA, para ser obrigado a reportar a posição, os insiders são definidos como diretores e conselheiros de uma empresa e acionistas/detentores com mais de 10% de seus valores mobiliários. É um equívoco perigoso esperar que o preço de uma ação suba se a empresa tiver lucro. Se fosse esperado de uma empresa um lucro de US$100 milhões no trimestre, mas anunciasse de US$70 milhões, suas ações provavelmente seriam atingidas por acionistas desapontados com o lucro divulgado.

Resposta 8-3: D

Warren Buffett diz que, quando você compra uma ação, torna-se sócio do bipolar Sr. Mercado. Todo dia ele quer comprar ou lhe vender ações. Às vezes, o Sr. Mercado fica tão deprimido que oferece as ações a preço baixo — aí que você deve comprar. Em outras ocasiões, fica tão maníaco que oferece um preço louco — deve vender. Isto é, em poucas palavras, um lembrete para comprar na baixa e vender na alta.

Resposta 8-4: A

Cada ETF representa uma seleção de vários ativos, como ações de setores industriais específicos ou países, commodities ou títulos de dívidas. Com um grande número de ETFs disponíveis para os traders, as opções são vastas, mas o desempenho do ETF é menor que o índice de referência devido às despesas administrativas, sempre um dos fatores-chave para os resultados de longo prazo. Os preços de muitos ETFs divergem dos preços dos grupos de ativos que devem rastrear.

Resposta 8-5: 1 = B; 2 = D; 3 = A; 4 = C

Uma call é uma aposta de que uma ação subirá, enquanto uma put, de que descerá. Comprar uma call de US$40 quando a ação subjacente estiver sendo operada a US$38 faz com que ela fique out-of-the-money: todo o seu preço representa a esperança de que a ação suba acima de US$40. Se, e quando isso acontecer, a call estará in-the-money.

Resposta 8-6: C

As opções perdem valor à medida que se aproximam do vencimento; ganham valor à medida que a ação se aproxima do preço de exercício da opção. As opções de ações voláteis são mais caras porque seus preços se elevam mais do que o das ações menos voláteis. O quão próximo uma ação rastreia o índice setorial não influencia o preço das opções.

Resposta 8-7: 1 = A e D; 2 = B e C; 3 = C e D

A pessoa que compra uma call só lucra se a ação subjacente subir; se cair ou permanecer inalterada, o vencedor será o trader que lançou a call. Um comprador de put lucrará apenas se a ação subjacente cair; se subir, ou mesmo permanecer estável, o lançador da opção lucrará. Há três cenários possíveis para qualquer ação: para cima, para baixo ou para os lados. Apenas um em cada três serve ao comprador da opção, mas dois, ao lançador.

Resposta 8-8: B

Comece analisando o ativo subjacente, decida que nível é improvável alcançar e depois venda uma opção além desse nível. Entrar na internet para pesquisar o Delta de uma ação o ajudará a identificar esse nível. Você também precisa decidir em que nível o ativo subjacente provaria que você está errado e solicitaria a saída. Colocar um stop em uma opção o exporia à execução das ordens abertas, o que é um problema comum com as opções. É melhor anotar o stop e colocar uma ordem para sair depois que o ativo subjacente chegar. Considere poupar uma pequena porcentagem dos lucros em uma conta de segurança para o dia em que uma opção que lançou saltar fortemente contra você.

Resposta 8-9: D

O número de contratos comprados e vendidos para cada opção e futuro é sempre igual por definição. Uma enorme diferença entre opções e futuros é que, se você comprar uma opção e seu preço se mover contra você, pode abandoná-la e ir embora, perdendo apenas o que pagou por ela. Não há como fugir do futuro — você deve aceitar uma perda ou enviar uma margem adicional para suportar uma perda profunda. Todas as outras diferenças são menos importantes em comparação a essa.

Resposta 8-10: B

Limites diários de preços, vencimentos de contratos e trades com informações privilegiadas legais são bastante desafiadores, mas o fator mais arriscado nos futuros é que as pessoas os operam em margens muito pequenas, tão baixas quanto 5% do valor do contrato. Quando o depósito de US$5 mil controla US$100 mil em uma commodity que movimenta 5% a seu favor, você dobra o dinheiro. O problema é que, se ele se mover contra você em alguns pontos percentuais, isso acabará com a margem. Você deve ser disciplinado e ter excelentes habilidades de gestão de dinheiro para lucrar com futuros.

Resposta 8-11: 1 = C; 2 = D; 3 = A; 4 = B

A demanda por qualquer commodity muda lentamente, mas o mercado reage violentamente quando a oferta é ameaçada. Os traders espalhados apostam na retomada das relações normais de mercado; quando dois mercados relacionados saem de sincronia, compram o subvalorizado e vendem o superfaturado, esperando que a relação volte ao normal. Os meses cuja entrega física está mais distante são normalmente mais caros devido ao "custo de carregamento", como armazenamento e seguro, mas, nos mercados em alta, quando a demanda está em alta, os futuros se invertem, com um prêmio para entrega antecipada. O hedge é a base econômica dos mercados futuros: um agricultor pode vender futuros de trigo muito antes de colher os grãos, enquanto uma companhia aérea pode comprar contratos de gasolina meses ou até anos antes de precisar de combustível.

Resposta 8-12: B (I e II)

O mercado forex é completamente descentralizado; os traders institucionais lidam diretamente uns com os outros, usando plataformas online. Os clientes de varejo ficam tristes quando as casas de forex tomam os lados opostos de suas ordens, em vez de transmiti-las ao mercado — para ganhar, a casa de forex precisa perder. As margens selvagens nas mãos dos traders não sofisticados se transformam em uma ferramenta de "empobrecer rápido". As casas de forex raramente cobram comissões, mas muitas lucram ao se posicionarem contra os clientes.

Avalie-se

0–4 corretas: Fraco.

Ao fazer o trading, com o que quer que seja, você precisa entender os principais fatores sobre o mercado em que opera. Sem esse conhecimento, será um alvo fácil para traders tubarões e acabará perdendo. Reserve os próximos dias para reler a seção correspondente do livro principal e refaça o teste antes de continuar.

5–8 corretas: Razoável.

Você tem uma compreensão de, pelo menos, algumas classes de veículos de trade. Se todas as suas respostas sobre ações ou opções fossem corretas, e esses fossem os únicos mercados em que opera, isso seria suficiente. Para obter um conhecimento mais profundo de todas as classes de veículos disponíveis, releia a seção correspondente e refaça esse teste.

9–12 corretas: Excelente.

Seu conhecimento de veículos de trade é muito bom. Analise as perguntas cujas respostas errou e procure as páginas correspondentes no livro. Em seguida, prossiga para o próximo tópico altamente importante — gestão de riscos.

CAPÍTULO 9

Gestão de Risco

Resposta 9-1: B

O trading emocional é inimigo do sucesso. Ninguém consegue ganhar dinheiro de forma substancial estando alterado. Um trader consegue se afastar de suas emoções por pouco tempo, aí vêm a ganância e o medo descontrolados e destroem tudo. Seu objetivo deve ser fazer os trades mais inteligentes, sopesando com calma os ganhos potenciais e limitando os riscos.

Resposta 9-2: C

Todos gostamos de pensar que somos espertos — levar prejuízo abala o ego. Assumir uma perda significa perder a esperança de que o trade funcione — e ninguém gosta de viver assim. Bons traders são realistas; insistir em um trade fracassado é insensato.

Resposta 9-3: B

A relutância em aceitar perdas é um sinal de trade emocional. Adicionar dinheiro a um trade perdido mostra que o trader está agarrado à fantasia de ganhar em vez de enfrentar a realidade da perda. Para um perdedor, um sonho está vivo, desde que mantenha sua posição. Se entrou em um trade com base em um conjunto de indicadores, e esses indicadores foram revertidos, qual é a razão para permanecer nele? Não está funcionando — saia para preservar seu capital e procurar um trade melhor.

Resposta 9-4: C

Uma série de três perdas pode acabar com o trader A, mas o trader B pode sobreviver a uma sequência de nove perdas. O trader A está a apenas três jogadas de afundar na crise, enquanto o trader B tem capital suficiente para sustentar sua carteira por nove lances de azar. Todos os outros fatores sendo iguais, o trader com menor poder aquisitivo se dá mal primeiro.

Resposta 9-5: B (II, III, I)

O primeiro objetivo da gestão do dinheiro é garantir a sobrevivência. O segundo é obter um retorno constante e o terceiro aumentar esse retorno —, mas a sobrevivência vem em primeiro lugar. É assim que os profissionais operam; os iniciantes não estabelecem prioridades.

Resposta 9-6: D (I, II, III e IV)

Todas essas regras resistiram ao teste do tempo. Siga-as — deixe seus concorrentes violá-las.

Resposta 9-7: A (I)

A contagem de dinheiro em um trade aberto é um sinal vermelho de que suas emoções estão em jogo e você está prestes a perder, porque anularão sua razão. Se você não tira o dinheiro da cabeça, saia do trade. O momento de definir metas de lucro e níveis de stop é anterior ao trade. O momento para contabilizar seu patrimônio é após o trade ser fechado.

Resposta 9-8: C

A Regra dos 2% dita seu risco máximo de dólar por trade. Dois por cento de uma conta de US$28 mil é de US$560, o que deve cobrir não apenas o risco, mas também a slippage e as comissões. Com um stop de 98 centavos, se comprar 500 ações, você terá o suficiente para pagar comissões e cobrir eventuais slippages. Operar um tamanho maior é imprudente.

Resposta 9-9: B (I e II)

É perigoso contar dinheiro em trades abertos porque isso o leva a pensar no que seus lucros em papel comprarão. É assim que as pessoas começam a sonhar, em vez de gerir transações e perder dinheiro. Mover um alvo ou levantar um stop é permitido.

Resposta 9-10: D (I, II, III e IV)

Traders sérios colocam um stop no momento em que entram em um trade e ajustam-no apenas de um jeito — na direção desse trade. Ao comprar, você pode manter o stop no lugar ou aumentá-lo, mas nunca o baixar. Quando vender, pode mantê-lo no lugar ou reduzi-lo, mas nunca o aumentar.

Resposta 9-11: C (I, II e III)

Um stop-loss limita o risco, mas nem sempre funciona como esperado. Os preços variam no stop. Ele não é uma ferramenta perfeita, mas, das defensivas, é a melhor.

Resposta 9-12: B (II e III)

O trader A arrisca US$400, enquanto a Regra dos 2% só lhe permite US$360. O B arrisca US$800, enquanto a Regra dos 2% lhe permite até US$1 mil. O C arrisca US$400, enquanto a Regra dos 2% lhe permite até US$800. O D arrisca US$1.500, enquanto a Regra dos 2% lhe permite até US$1.200. Os traders B e C aceitam os riscos do negócio, enquanto o A e o D arriscam perdas reais. A Regra dos 2% estabelece um limite claro para o risco por trade — é uma regra fácil de seguir, a menos que a ganância fale mais alto.

Resposta 9-13: D (II e IV)

Os dois erros mortais no trade são não usar stops e se expor a um risco maior do que a conta consegue arcar. Outros erros são bem ruins, mas, se usar stops e operar um tamanho razoável, pelo menos sua conta sobreviverá.

Resposta 9-14: D

O Triângulo de Ferro faz três perguntas simples: Qual é o risco de dólar máximo aceitável para esse trade? Onde você entra nesse trade? Onde fará stops? A distância da entrada até o stop é o risco por ação. Dividir o risco total aceitável pelo risco por ação lhe dará o número máximo de ações que pode comprar ou vender a descoberto nesse trade.

Resposta 9-15: C

Uma série de perdas relativamente pequenas resulta em uma séria baixa. A Regra dos 6% o protege, fazendo com que pare de operar antecipadamente em um drawdown. Ela cria um período de reflexão: analise o sistema, estude os mercados e retorne no mês seguinte.

Resposta 9-16: A

A Regra dos 6% não se preocupa com os lucros. Seu trabalho é gerir riscos e limitar perdas grandes. Você contará os lucros no final do mês. Se seu patrimônio aumentou, a Regra dos 2% e a dos 6% lhe permitirão assumir mais risco no mês seguinte.

Resposta 9-17: B

As perdas traumatizam os traders. Voltando ao mercado após uma pausa, você precisa ser paciente consigo mesmo. Reduza a quantidade de risco que aceita em cada trade. Defina metas de desempenho realistas e aumente gradualmente a proporção do trade.

Avalie-se

0–6 corretas: Fraco.

A luz vermelha está acesa — você não entende de gestão do dinheiro. Antes de fazer outro trade com dinheiro real, estude os capítulos correspondentes e refaça o teste.

7–12 corretas: Razoável.

Existem lacunas na sua compreensão da gestão de riscos. Esse tópico é importante demais para se contentar com qualquer coisa que não seja a pontuação máxima neste teste. Analise suas respostas às perguntas que errou, analise os capítulos correspondentes e refaça o teste em alguns dias.

13–17 corretas: Excelente.

Você tem um controle das regras essenciais da gestão do dinheiro. Analise as respostas das perguntas de que as suas diferem. A gestão do dinheiro define uma barreira protetora na sua conta. Procure cada falha e a repare.

Leitura Recomendada

Vince, Ralph. *Portfolio Management Formulas* (Hoboken, NJ: John Wiley & Sons, 1990).

Detalhes Práticos

Resposta 10-1: B

Dependendo de quão otimista você se sinta, pode comprar um rompimento acima da alta do dia anterior, um declínio para o valor ou uma penetração da zona de valor até a profundidade na qual os declínios anteriores chegaram ao limite. Geralmente, não é uma boa ideia comprar acima do canal. A linha superior do canal marca a zona em que o otimismo se torna maníaco, e, embora possa continuar, é mais provável que se inverta.

Resposta 10-2: B

Quando a tendência é de alta, faz sentido comprar pullbacks abaixo do valor. A média das penetrações dos últimos três meses foi inferior a US$3. Não faz sentido ser ganancioso e acertar a mínima de um pullback — conseguir uma penetração de US$1 seria mais confiável do que de US$3.

Resposta 10-3: A

Um canal bem projetado contém a maioria das oscilações do mercado, tornando seu limite superior um bom alvo para ralis. Um trade que capta 30% da altura do canal ganha um A. Em uma tendência de alta, devemos esperar que os preços subam mais que a MME do que afundou no declínio. No momento em que a MM diminui, um lucro em papel vira perda.

Resposta 10-4: D

Com trades de posições compradas visando longo prazo, é preciso ter cautela ao usar ferramentas de obtenção de lucros, como médias móveis, envelopes e divergências de indicadores. Se pretende manter por vários meses, essas ferramentas sensíveis o tirariam do mercado cedo demais. É melhor definir metas de lucro usando as zonas de suporte e resistência.

Resposta 10-5: C

Definir stops e metas de lucro permite calcular taxas de risco/retorno. Para a chateação dos traders, as oscilações acontecem e os mercados revertem a seu favor logo após a interrupção. Os stops são meios confiáveis de proteger uma conta, mas, infelizmente, não garantem a limitação do risco máximo, pois os preços podem se dividir entre os níveis dos stops.

Resposta 10-6: C (I, II e III)

Colocar stops fora da zona de ruído do mercado reduz a reversão. Canais, SafeZone e ATRs traçam a linha entre as oscilações normais e as anormais, cada uma a sua maneira. Não se resume a suporte e resistência: comprar perto do suporte ainda expõe ao ruído do mercado.

Resposta 10-7: D (I, II, III e IV)

Afaste-se da multidão: um extremo de preço altamente visível atrai muitos stops. Assim como os números redondos. Coloque os stops longe disso. Um stop é uma ferramenta de gestão de risco, e, à medida que um trade se move a seu favor, você pode realocar o stop para proteger uma parcela de seu lucro. Nunca o mova para dar mais espaço a um trade perdedor.

Resposta 10-8: C

Ao comprar, faça-o próximo da parte baixa da barra e o mais longe possível da alta. O intervalo do dia foi de US$2 (US$23 menos US$21). Você comprou US$1,50 abaixo da máxima. Dividir US$1,50 por US$2 mostra que seu grau foi de 75% — excelente! Qualquer grau de compra acima de 50% é bom porque mostra que você comprou na metade inferior da barra.

Resposta 10-9: A

Você deve vender o mais próximo possível do topo da barra e o mais longe possível da mínima da barra. O intervalo do dia foi de US$3 (US$29 menos US$26). Você vendeu US$1 para baixo. Dividir US$1 por US$3 mostra que seu grau foi de 33% — mais ou menos. Um bom grau de venda seria acima de 50%, o que significa que você vendeu na metade superior da barra.

Resposta 10-10: B

Dos três graus de todo trade — compra, venda e grau geral do trade —, o geral é o mais importante. Como os canais são traçados para conter de 90% a 95% dos preços recentes, a altura do canal no dia em que você entra reflete um ganho máximo disponível realístico. Obter um terço ou mais de um canal gera um grau A para o trade. Nesse exemplo, você tirou US$2 de um canal de US$6 — muito bom!

Resposta 10-11: C

Uma boa varredura/scan encontra um grupo de candidatos para focar sua atenção, mas isso não garante trades lucrativos. Comece definindo o padrão a ser procurado e, em seguida, escolha seus resultados de interesse da maneira mais ampla ou estreita que desejar. Comece filtrando um grupo pequeno e você pode expandi-lo mais tarde.

Resposta 10-12: A

Você tem opções ilimitadas na configuração de parâmetros de filtragem dos ativos. Você pode programá-los para excluir ações cujo volume é muito baixo, cujos preços estão fora do intervalo escolhido, ou cuja tendência se choca com sua visão atual do mercado. O que não pode fazer é filtrar as ações que não reportam lucros — isso é algo em que você tira o melhor de si durante o processo de revisão final, quando analisa a lista de candidatos entregues pelo escaneamento.

Avalie-se

0–4 corretas: Fraco.

Essa pontuação é muito baixa para um trader. Pode ser irrelevante para um teórico, mas um trader deve reler os capítulos correspondentes e refazer o teste antes de prosseguir.

5–8 corretas: Razoável.

Existem lacunas na sua compreensão de conceitos práticos. É importante saber como definir entradas, destinos e stops, e como avaliar seu desempenho em todos os trades. Analise suas respostas às perguntas que errou, releia os capítulos correspondentes e refaça o teste alguns dias depois.

9–12 corretas: Excelente.

Você tem um conhecimento prático de configuração de entradas, alvos e stops, além de saber como medir seu desempenho. Trades diferentes usam táticas diferentes. Leia as perguntas das quais suas respostas diferiram das deste livro para ver se cometeu um erro ou se foi uma questão de divergência de opinião.

CAPÍTULO 11

Manutenção de Registros

Resposta 11-1: C

Manter bons registros o ajudará a aprender com suas experiências, a aumentar a disciplina e a reduzir a impulsividade. Isso não o impedirá de cometer erros, mas o ajudará a aprender com eles e a parar de repeti-los.

Resposta 11-2: B

Revisar o desempenho do dia anterior e ajustar os stops é importante, mas o objetivo da lição de casa da manhã é concentrar-se nos fatores que serão relevantes para os trades do dia. Eles incluem o comportamento dos mercados overnight, a revisão dos relatórios fundamentalistas programados para serem divulgados no dia e todos os outros fatores relevantes para a tomada de decisões.

Resposta 11-3: B (II e III)

Há dias em que sua saúde, humor e lição de casa o deixam bem preparado para o trade. Também há dias em que sua saúde o incomoda, seu humor é sombrio e você fez pouco, se fez, da lição de casa — aqueles dias em que você não deveria operar. Um rápido autoteste, feito sob medida para sua personalidade, pode lhe dar uma medida objetiva de seu preparo para o trade. Não aumente a proporção do trade quando tudo estiver perfeito, porque nesses dias qualquer mudança tende a ser pior.

Resposta 11-4: D

Você precisa definir a estratégia que usará para um trade e configurar sua entrada, alvo e stop. A alocação de uma quantia fixa de risco a um trade lhe permitirá usar o Triângulo de Ferro do controle de risco para decidir quantas ações ou contratos operar. É melhor não contar os lucros até que um trade seja fechado — concentre-se na qualidade, dinheiro é consequência.

Resposta 11-5: B (II e IV)

A estrutura de um trade Apgar é simples: não mais que cinco perguntas, com não mais do que três respostas possíveis para cada uma. O trade Apgar o faz rever se uma ação merece um plano de trade. Se não, passe para o próximo candidato, mas, se sim, elabore um plano de trade detalhado.

Resposta 11-6: D (I, II, III e IV)

Um Tradebill é um documento crucial para o planejamento e o rastreamento de um trade. Você precisa identificar a estratégia com que operará; definir a entrada, o alvo e o stop; alocar o risco; e calcular a proporção do trade. Inclua, também, lembretes por escrito dos fatores essenciais, como as datas da divulgação dos relatórios de lucros.

Resposta 11-7: C (I, II e III)

É essencial documentar os stops, assim como os níveis nos quais os moverá para o ponto de equilíbrio. Tais decisões são mais bem tomadas no começo do trade. O mesmo acontece com o diário — documente as entradas enquanto a memória ainda está fresca. É melhor não contar os lucros enquanto o trade estiver em aberto — concentre-se na gestão do trade e conte os lucros depois de sair dele.

Resposta 11-8: D

A maioria dos traders privados trabalha de forma isolada e não recebe feedback. Isso faz com que rever os trades anteriores seja um dispositivo de aprendizado valioso. Há um ditado russo: "Não pise no mesmo ancinho duas vezes." Ao pisar em um ancinho sobre a grama, ele se levanta e bate na sua testa. Isso pode acontecer com qualquer um, mas não pise nele mais de uma vez. Revisar trades anteriores o lembra onde os ancinhos estão.

Resposta 11-9: C

Todas as ações listadas nessa pergunta são importantes, mas a mais educativa é retornar a todo trade várias semanas ou mesmo meses após ter saído e revisar um gráfico atualizado. Nesse momento, as tendências e as reversões são claras, você vê exatamente o que fez de certo ou de errado e pode usar essas lições nos trades seguintes.

Avalie-se

0–3 corretas: Fraco.

A boa manutenção de registros está no centro do sucesso do trade. Releia os capítulos correspondentes e refaça o teste antes de prosseguir.

4–6 corretas: Razoável.

A boa manutenção de registros está diretamente ligada a um melhor trade. É uma habilidade bastante simples, mas essencial — não se contente com uma classificação "Razoável". Analise suas respostas para as perguntas que errou, releia os capítulos correspondentes e refaça o teste alguns dias depois.

7–9 corretas: Excelente.

Você tem um conhecimento prático de manutenção de registros. Certifique-se de o implementar — comece a manter um diário de trade. Ele vai compensar seus esforços e servir-lhe bem por anos à frente.

Posfácio

Agora que testou seus conhecimentos no trading usando este livro, está mais preparado para o maior teste de todos: operar no mercado. O trading é um teste interminável de sua capacidade de pensar sob estresse, tomar decisões inteligentes e racionais e de manter o controle do dinheiro em sua conta.

Este livro lhe deu várias escalas de avaliação para medir suas habilidades; apresentou uma lista de leitura e lhe permitiu refazer os testes em que falhou de primeira. A principal escala de avaliação do seu desempenho no mercado será a inclinação da sua curva de capital. As melhores curvas mostram um crescimento constante de uma conta, com pequenos reveses. Você precisa acompanhar seu patrimônio e parar de operar pelo resto do mês se cair mais de 6% da pontuação final do mês anterior.

Certifique-se de manter um diário de seus trades, incluindo não apenas datas, tickers e tamanhos, mas também gráficos e seus comentários pessoais. Isso o ajudará a aprender com suas experiências e a melhorar seu desempenho.

Mantenho todos os meus registros em um diário na SpikeTrade.com, cujo formato foi aprimorado e lapidado ao longo dos anos. Mesmo se quiser criar o próprio sistema de manutenção de registros, dê uma boa olhada no nosso para ver como um bom sistema deve ser e funcionar [conteúdo em inglês].

Não comente sobre seus trades enquanto eles estiverem abertos. Falar sobre posições abertas é perigoso porque coloca seu ego na reta. Uma vez encerrado o trade, você pode se beneficiar de opiniões de amigos que respeita.

O fato de ter investido tempo e energia estudando e fazendo os testes deste livro mostra que você está levando o trade a sério. Continue estudando o mercado e mantenha o foco em aumentar o patrimônio da conta com o mínimo de revés. Desejo-lhe sucesso para realizar seu sonho — tornar-se um operador e investidor de sucesso!

Dr. Alexander Elder
Nova York — Vermont, 2014.

Referências

Este Guia Prático complementa o livro *Como Se Tornar um Operador e Investidor de Sucesso* (Rio de Janeiro: Alta Books, 2021). Além disso, os seguintes livros contêm informações úteis para uma compreensão mais profunda dessas perguntas e respostas:

Belveal, L. Dee, *Charting Commodity Market Price Behavior* (1969) (Homewood, IL: Business One Irwin, 1985).

Douglas, Mark, *The Disciplined Trader* (Nova York: New York Institute of Finance, 1990).

Edwards, Robert D. e John Magee, *Technical Analysis of Stock Trends* (1948) (Nova York: New York Institute of Finance, 1992).

Elder, Alexander & Kerry Lovvorn, *The New High–New Low Index* (Alabama: SpikeTrade, 2012).

Kaufman, Perry, *Trading Systems and Methods* (Hoboken, NJ: John Wiley & Sons, 2013).

LeBon, Gustave, T*he Crowd* (1897) (Atlanta, GA: Cherokee Publishing, 1982).

Lefevre, Edwin, *Reminiscences of a Stock Operator* (1923) (Greenville, SC: Traders Press, 1985).

Mackay, Charles, *Extraordinary Popular Delusions and the Madness of Crowds* (1841) (Nova York: Crown Publishers, 1980).

Murphy, John J., *Technical Analysis of the Financial Markets* (Nova York: New York Institute of Finance, 1999).

Neill, Humphrey B., *The Art of Contrary Thinking* (1954) (Caldwell, ID: Caxton Printers, 1985).

Pring, Martin J., *Technical Analysis Explained*, 5ª edição (Nova York: McGraw-Hill, 2013).

Vince, Ralph, *Portfolio Management Formulas* (Hoboken, NJ: John Wiley & Sons, 1990).

Sobre o Autor

Alexander Elder, MD, é trader profissional e professor de trade. É autor de vários best-sellers, considerados clássicos modernos entre os traders. Também escreveu livros sobre a Rússia e a Nova Zelândia.

O Dr. Elder nasceu em Leningrado e cresceu na Estônia, onde ingressou na faculdade de medicina com 16 anos. Aos 23 anos, enquanto trabalhava como médico embarcado, fugiu de um navio soviético na África e recebeu asilo político nos Estados Unidos. Trabalhou como psiquiatra em Nova York e lecionou na Universidade de Columbia. Sua experiência como psiquiatra forneceu-lhe uma visão única sobre a psicologia do trade.

O Dr. Elder é um trader ativo, mas continua lecionando e é um palestrante muito requisitado para dar conferências nos Estados Unidos e no exterior. O Dr. Elder é o criador dos Trader's Camps — aulas durante uma semana para traders. É fundador do grupo SpikeTrade, uma comunidade de traders cujos membros compartilham suas melhores escolhas de ações a cada semana na disputa por prêmios.

Sites: **www.elder.com** e **www.spiketrade.com.** E-mail: **info@elder.com** [conteúdo em inglês].

Impressão e Acabamento | Gráfica Viena
Todo papel desta obra possui certificação FSC® do fabricante.
Produzido conforme melhores práticas de gestão ambiental (ISO 14001)
www.graficaviena.com.br